A elegância do Self

Dados Internacionais de Catalogação na Publicação (CIP)
(Câmara Brasileira do Livro, SP, Brasil)

Leloup, Jean-Yves
　A elegância do self : pequeno tratado sobre a nobreza / Jean-Yves Leloup ; tradução de João Batista Kreuch. – Petrópolis, RJ : Vozes, 2023.

　Título original: L'élegance du soi
　ISBN 978-65-5713-759-8

　1. Amor – Aspectos religiosos 2. Autoconsciência 3. Vida espiritual I. Título.

22-130753 　　　　　　　　　　　　　　　　　　　　CDD-204

Índices para catálogo sistemático:

1. Autoconsciência : Vida espiritual 204

Cibele Maria Dias – Bibliotecária – CRB-8/9427

A elegância do Self

PEQUENO TRATADO
SOBRE A NOBREZA

JEAN-YVES LELOUP

Tradução de João Batista Kreuch

EDITORA VOZES

Petrópolis

© Presses du Châtelet, 2019.

Tradução realizada a partir do original em francês intitulado *L'élegance du soi. Petit traité de l'homme noble*

Direitos de publicação em língua portuguesa – Brasil:
2023, Editora Vozes Ltda.
Rua Frei Luís, 100
25689-900 Petrópolis, RJ
www.vozes.com.br
Brasil

Todos os direitos reservados. Nenhuma parte desta obra poderá ser reproduzida ou transmitida por qualquer forma e/ou quaisquer meios (eletrônico ou mecânico, incluindo fotocópia e gravação) ou arquivada em qualquer sistema ou banco de dados sem permissão escrita da editora.

CONSELHO EDITORIAL

Diretor
Gilberto Gonçalves Garcia

Editores
Aline dos Santos Carneiro
Edrian Josué Pasini
Marilac Loraine Oleniki
Welder Lancieri Marchini

Conselheiros
Elói Dionísio Piva
Francisco Morás
Ludovico Garmus
Teobaldo Heidemann
Volney J. Berkenbrock

Secretário executivo
Leonardo A.R.T. dos Santos

Editoração: Débora Spanamberg Wink
Diagramação: Sheilandre Desenv. Gráfico
Revisão gráfica: Alessandra Karl
Capa: Renan Rivero

ISBN 978-65-5713-759-8 (Brasil)
ISBN 978-2-8459-2805-3 (França)

Este livro foi composto e impresso pela Editora Vozes Ltda.

Sumário

I – A elegância, 7

II – A elegância do Self: de que Self estamos falando?, 13

III – Do conhecimento de si à consciência do Self, 25

IV – O eixo, a andadura e o prumo, 41

V – A elegância ou a transparência do Self no corpo que nós somos, 47

VI – A experiência do Self ou a visão do ser humano interior, 53

VII – A gratuidade ou a elegância do amor, 71

VIII – A suprema elegância que são o perdão e o amor incondicionais, 77

IX – A resistência ética da elegância, 81

X – O ser humano nobre habita a Terra com poesia, 87

XI – Os filhos de Maquiavel, 93

XII – Rumo a uma democracia "nobre" e consciente, 97

I
A elegância

Não existe uma definição da elegância.

Nela há sempre alguma coisa que nos escapa, ela pertence ao mesmo tempo à ordem da natureza e à ordem da graça.

Sendo da ordem da natureza, podemos desenvolvê-la ou adquiri-la, mas, sendo também da ordem da graça, temos que concebê-la como oferta e como algo "dado".

Desse modo, podemos adquiri-la com esforço e recebê-la com gratidão.

* * * *

Elegância vem do latim *eleito*.

Todos somos eleitos, chamados pela Vida, para nos tornarmos o Self que nós somos.

A elegância é respeitar-se em sua nobreza. Fomos eleitos para viver nesta forma, neste corpo, e devemos honrar e reconhecer nele a grande Vida.

Algumas citações de "especialistas" em elegância

A elegância é uma maneira de se mover, e é também saber adaptar-se a qualquer circunstância de sua vida.
Sem elegância do coração, não há elegância.

Yves Saint Laurent

A elegância é a única beleza que não passa jamais.

Audrey Hepburn

O luxo é uma questão de dinheiro, a elegância uma questão de educação.

Sacha Guitry

A verdadeira elegância consiste em não se fazer notar.

George Brummell

Existem disposições morais antipáticas à elegância: a ganância, a covardia, a estupidez.

Eugène Chapus

No amor, o que eu procuro não é absolutamente o amor, nem a beleza, nem o prazer, mas sim uma espécie de desafio ao orgulho e a oportunidade de superar alguém por uma suprema elegância do coração.

Marcel Jouhandeau

Existe na sobriedade a pureza e a elegância.

Joseph Joubert

A graça envolve a elegância e reveste-a.

Joseph Joubert

A elegância e o charme são para a graça o que o amor é para o coração.

Maxalexis

A suprema elegância confunde-se com a suprema simplicidade.

Jules Payot

A elegância é mais uma questão de personalidade do que de vestimentas.

Jean-Paul Gaultier

Nenhuma graça (elegância) exterior é completa se a beleza interior não a vivifica. A beleza da alma brilha como uma luz misteriosa sobre a beleza do corpo.

Victor Hugo

Harmonia, desembaraço, simplicidade, natural, esses são termos que nos ocorrem sempre que se fala de elegância. A elegância atesta, em um corpo vivo, consciente e bom, a presença da nobreza do Self, o Self que é Vida, Consciência, Amor, qualidades que habitam todo ser que vem a este mundo.

A beleza é a graça que se entrega.

A elegância suprema é a elegância do coração, a elegância do amor.

Tudo o que é feito com amor tende a ser inteligente e elegante.

Tudo aquilo que é feito sem amor tende, ao contrário, a carecer de inteligência e de elegância.

Como poderia um corpo desabitado, desertado pelo amor, ser elegante?

É o amor que dá sentido e sabor à nossa vida.

O amor é a graça que toma corpo, e o corpo habitado pelo amor é cheio de graça, e a elegância é-lhe dada por acréscimo.

Observa como vive, se movimenta teu corpo quando amas, e conhecerás a fonte de toda a elegância.

O amor, como a alegria e como a elegância, é uma graça. Antes de encarná-la, não podemos senão pedi-la, desejá-la.

O estilo elegante, quer se trate de um gesto, quer se trate de um texto escrito, quer se trate de uma roupa, vem sempre do coração, se este estiver habitado pela graça de amar.

A elegância é para o corpo o que a graça é para o coração.

O que faz o vínculo entre a graça e a elegância, entre o coração e o corpo, é o amor.

Se o amor é o único Deus de que precisamos para sermos felizes, por que sempre procuramos um outro?

A riqueza, o poder, o conhecimento não podem nos tornar nem felizes nem elegantes.

A elegância que buscamos é uma elegância mais interior a nós do que nós mesmos. É a elegância do Self, que não depende de moda alguma e que inspira a todas as modas.

Trapos velhos usados por um corpo e uma alma nobres possuem mais brilho do que rendas de ouro ostentadas por um corpo arrogante e uma alma perversa.

Assim como não ora verdadeiramente aquele que ora e sabe que ora, e assim como a verdadeira filosofia ri-se da filosofia, a verdadeira elegância ri-se da elegância.

Aquele que sabe que é elegante ainda carece de elegância. A elegância deve tornar-se "natural", à custa, talvez, de muito esforço e muita atenção, não como uma segunda natureza, mas sim como a revelação de nossa natureza profunda; a presença do Self.

II

A elegância do Self: de que Self estamos falando?

O Self e o eu, o Ser universal e o ser particular

*N*o começo de toda metafísica há esta distinção entre o Self e o eu que "eu sou", o Ser universal e o ser particular que "eu sou", o Ser essencial e o ser existencial que "eu sou".

Tais afirmações fundam-se em uma experiência simples: quando eu olho para o interior de mim mesmo, descubro o imenso, o sem forma; quando olho para o exterior, descubro a variedade das formas e os seus limites visíveis e evidentes.

A questão é não separar o visível e o invisível, o eu e o Self. Talvez seja preciso, depois de ter-se voltado os olhos para o interior, quer dizer, para o universal, o imenso e o invisível, aprender a ver, a partir desse imenso e invisível, todas as coisas finitas ou particulares.

Olhar para o interior do "outro" (coisa ou pessoa) é reconhecer nele o mesmo imenso e invisível "Self"; olhar o exterior do outro é reconhecer sua forma particular, seu único e insubstituível "eu".

Tentei explicar isso a crianças em uma escola na Bahia. Pela manhã, eu as fiz "fechar os olhos" por meia hora de meditação antes de entrarem na sala para as aulas:

"Entre vocês há rãs, macaquinhos, pulgas e elefantes. Quando a rã olha para dentro de si, como vocês fizeram essa manhã durante a meditação, ela descobre que ela é universal, sem forma particular; descobre que é invisível, infinita. O macaco, quando olha para seu interior, a mesma coisa. Quando os dois se olham do exterior, eles se veem, evidentemente, muito diferentes um do outro, e pode até ser que a rã queira ser grande como o macaco, para ser "igual" a ele, ou que o macaco queira saltar na água como a rã, para se parecer com ela. Isso não daria certo, porque a rã acabaria explodindo, e o macaco acabaria se afogando na lagoa onde mergulha a rã. Eles não são iguais no exterior, mas são iguais no interior, onde ambos são imensos, infinitos e invisíveis. Da mesma forma, interiormente, a pulga é do mesmo tamanho que o elefante, embora exteriormente a diferença seja grande. O que se espera da rã é que seja uma rã, que seja imensa, como todo mundo é por dentro, e muito especial e única por fora; a mesma coisa se espera do macaco, da pulga e do elefante. É respeitando nossas identidades, ao mesmo tempo semelhantes (no interior) e diferentes (no exterior), que podemos viver felizes e em paz. A escola está aí para nos fazer descobrirmos nossa identidade, pois cada um de nós é um Ser infinito e universal, em uma forma finita e particular."

Por meio desse olhar voltado ao interior, descobrimos o Self que somos e nos tornamos capazes de vê-lo exprimir-se e encarnar-se em "eus" particulares e muito diferentes. Tornamo-nos igualmente capazes de reconhecer o Self no outro e em tudo que vive e respira, capazes de reconhecer, em qualquer forma que seja, a exterioridade em que o Ser infinito e universal se encarna.

Será que enxergar todas as coisas a partir desse espaço interior e "dentro" desse espaço infinito e invisível é coisa tão fácil?

Enquanto eu me questionava sobre isso, observei no teto de meu quarto a lâmpada apagada e pensei: "a eletricidade está em toda parte, mas não a vejo e tenho então que me levantar e acionar um interruptor. Assim, a lâmpada poderá revelar, em sua forma finita, a eletricidade ou a luz que já existia ali e em toda parte. A eletricidade é a Consciência, a lâmpada é o cérebro, e é necessário, claro, que a lâmpada esteja intacta e o cérebro em bom estado para que a eletricidade ou a consciência possa brilhar; mas a lâmpada não produz a luz, assim como tampouco o cérebro produz a consciência; assim como as outras sedes da Consciência (o coração, o respiro, o ventre, o dedão do pé), ele precisa estar conectado e articulado, ele precisa estar 'aceso'".

Onde está o interruptor?

Sem dúvida, não é igual para todos; é o instante (o *kairós*) em que se toma consciência da Consciência, por meio de um retorno à nossa interioridade ou à nossa intimidade, invisível e imensa (*metanoia*). Todo o nosso ser então se acende, e o mundo se acende com ele. Tudo passa a ser visto a partir da imensidade desse espaço e dessa Consciência interior.

Ao lado da *metanoia*, existe, quem sabe, um outro interruptor, que deve ser manuseado com delicadeza e discernimento: é a *ápnoia*. A apneia, ao final da expiração, existe aí, nesse instante de retenção do ar, um silêncio e uma claridade que podemos religar à Fonte de tudo que vive e que respira, e é estando ligados a esse silêncio e a essa claridade que podemos observar o vaivém da inspiração e da expiração, o vaivém de tudo que aparece e de tudo que desaparece.

Tudo passa; permanece a Consciência daquilo que passa, essa consciência que Mestre Eckhart (cerca de 1260-1328) denominará homem nobre e que as tradições denominam Deus, Infinito ou Self.

O homem interior e o homem exterior

Em seu tratado sobre *A nobreza da alma humana*, sem dúvida endereçado à rainha da Hungria, Mestre Eckhart reconhece no ser humano uma dupla polaridade: o homem interior e o exterior, o celeste e o terrestre.

Não se trata de colocar em oposição a matéria e o espírito ou o corpo e a alma. O ser humano é à imagem de Cristo, logo a pessoa humana contém em si uma dupla natureza: a natureza humana e a divina – ou, em linguagem diversa, o "ego" e o "Self".

Viver nobremente sobre a Terra é levar uma vida humana, se não transparente, pelo menos vinculada à nossa vida divina. É assumir nossa condição encarnada, assumir o fato de sermos um "eu", um pequeno "eu sou" efêmero e mortal, em relação com o Self, o grande "Eu sou" infinito e não mortal.

Dessa transparência e desse vínculo nasce a elegância.

Poderíamos acrescentar que o Self é o não manifesto, o invisível, e o "eu" é o manifesto, o visível.

A elegância seria, assim, "o visível do Invisível", o aspecto exterior, manifesto, do Real interior, sempre recolhido, não manifesto.

Insistindo no caráter recolhido do Self, os antigos hebreus falam de um "Deus escondido", *Deus absconditus*, cujo nome é impronunciável.

YHWH: quatro letras, um tetragrama que nos lembra que o coração do Real permanece sempre inacessível para nós.

A Vida, ninguém jamais a viu, mesmo se todos os corpos (astral, mineral, vegetal, animal, humano, angélico) manifestam-na. Em outras tradições se falará do Self[1] como o centro ou o coração inacessível do ser humano, inacessível porque infinito e porque o ser finito não pode "captar" nem "compreender" o Infinito. O Self é inacessível e, contudo, está presente em toda parte.

Se não é possível possuí-lo, pode-se percebê-lo, acolhê-lo; o eu e o corpo humano tornam-se, então, os templos do Self, o lugar

---

1. Na tradição da Índia se falará do Atman (distinto do Jiva, o eu individual) de natureza divina, como no cristianismo se distinguirá o indivíduo (o eu) da pessoa (o Self).

de passagem (a tenda) da presença divina, o brilho ou a claridade de sua passagem por nossas formas transitórias: sua elegância.

A menos que seja um dia de Pentecostes, é difícil falar em todas as línguas e ser compreendido em todas elas, sobretudo, quando se trata de falar sobre o último, esse abismo de silêncio diante do qual todas as palavras recuam. Talvez elas possam falar de sua vertigem, mas nunca conseguiram dizer nada sobre a natureza do abismo. Tampouco se captura um perfume com uma chave inglesa, porém basta respirar...

O infinito Real, o Self, é o que está mais próximo e mais inacessível a nós, como a luz que está ante nossos olhos e que não podemos ver: a evidência do Invisível.

Ao lado do tetragrama hebraico YHWH, que preserva a indizibilidade e a inacessibilidade do Self, evocando, na esteira de Moisés, que "ele é aquilo que é" e que ele faz ser tudo aquilo que é (*eyeh-asher-eyeh*, "eu sou aquele que sou" ou "que serei"), nós poderíamos, para evocar o Self, utilizar outros tetragramas que ressoam os diferentes nomes científicos, filosóficos ou religiosos dados ao inominável nas diferentes sociedades e tradições.

Por exemplo, "IRSD": esse tetragrama seria formado pelas iniciais das palavras Infinito, Real, Self e Deus.

Cada palavra dessas pode ser empregada como sinônimo das demais, sabendo que, segundo nossa subjetividade ou nossa educação, teremos preferência por uma delas.

Também poderíamos imaginar o tetragrama "VCAL" como um eco ao grande tetrálogo:

seja Vivente!

seja Consciente!

seja Amante!

seja Livre!

Do "Eu sou" que "eu sou": que é "Vida, Consciência, Amor, Liberdade". Essas quatro palavras inspiram em cada um de nós, como uma Fonte, toda ética e todo comportamento justo e elegante.

O conhecimento do Real é uma questão de atenção.

Não precisamos fazer esforço algum para encontrarmos o Real, pois não há lugar algum em que o Real não esteja.

O Real não é alguma coisa a ser alcançada, temos apenas que nos conscientizarmos dele.

Nós somos o Real que toma consciência de si mesmo, o Real que se experimenta a si mesmo por meio dos diferentes níveis e formas de realidade.

Em lugar da palavra "Real", podemos colocar a palavra "Deus" ou a palavra "Self". Deus como o Self não se O deve procurar em algum lugar, pois está em toda parte. Não deve ser alcançado nem esperado, pois está sempre aí.

A palavra "Deus" e a palavra "Real" são sinônimas. Se Deus não fosse o Real, não seria Deus, não seria real, não teria realidade alguma, da mesma forma que o Self.

Se o Real ou o Self não fosse Deus, não seria absolutamente o Real. Seria apenas uma realidade relativa, uma realidade entre outras, e não o Real absoluto de onde derivam todas as realidades relativas.

O Real absoluto está por trás de todas as realidades, permanece invisível e inapreensível como Deus, permanece sendo um "Deus escondido", um "Deus oculto", invisível e inapreensível em todas as suas manifestações visíveis e cognoscíveis.

Pode-se dar um nome ao Real, ao Self, a Deus, ao Infinito? Isso seria um auxílio, seria um meio para retornar a Ele, para não viver no exílio ou no esquecimento de sua Presença.

"Ele possui todos os nomes, e nome algum O pode nomear."

Talvez o melhor nome seja o silêncio. Escutar o silêncio é ouvir Seu nome.

Pode-se dar forma ao Self/ao Real/a Deus/ao Infinito, representá-Lo sob uma forma que fala e toca os seres sensíveis que nós somos?

Há múltiplas representações de Deus, mas nenhuma é capaz de representá-Lo. Há múltiplos rostos e imagens daquele que não tem rostos nem imagens.

A melhor representação é, talvez, a luz. Interior ou exterior, ela permanece invisível, mas é essa luz que clareia todos os rostos e todas as imagens.

É possível experimentar sensivelmente a Presença do Self/ do Real/de Deus/do Infinito? Trata-se de um estado de consciência particular, um êxtase, o Nirvana?

O Real, Deus, o Self não pode se reduzir a um estado de consciência particular, por mais sutil ou sublime (êxtase, nirvana) que fosse; ele é a Consciência em si, e essa Consciência está presente em todos os estados de consciência e em todos os níveis de ser.

O estado de consciência que mais se aproxima da pura Consciência é, talvez, a paz (*shalom*, *shanti*, *hesychia*, *quies*), que integra e harmoniza todos os estados de consciência particulares.

O fundo do oceano, quando esse é agitado pelas tempestades e pelas ondas, permanece sempre calmo. Seu silêncio e sua luz são "abissais".

Esse fundo de calma, de silêncio e de pura luz (a luz escura) aflora, talvez, na equanimidade e na magnanimidade da pessoa elegante.

Escutar o silêncio, olhar a luz, estar em paz talvez seja o que mais nos aproxima do Infinito/Real/Self que denominamos Deus.

Presente em todos os nomes, sob todas as formas e em todos os estados de alma ou de consciência, trata-se de permanecer livre em relação a todos esses nomes, a todas essas formas e a todos esses estados de alma para estar atentos apenas ao Silêncio, à Luz e à Paz do Infinito/do Real/de Deus.

Estar atento apenas ao Silêncio, à Luz e à Paz não é amar e ser feliz?

Aquele que conhece verdadeiramente o silêncio, a luz e a paz não pode ter dúvida disso. Por ser feliz, ele se faz um com o silêncio, a luz e a paz, ele ama a todos os seres, ele mesmo é esse Amor dentro de todos os seres.

É um amor elegante, sua elegância é sua discrição, e essa discrição não é à imagem do Infinito/do Self/do Real/de Deus que é silêncio, luz e paz? Seu "andar" é o da calma radiante.

Santo Agostinho dizia, a respeito do Infinito/Real: "Tarde te amei [ó Beleza…], tu estavas dentro de mim e eu te procurava fora", procurar-te é te perder, pois estás sempre aí.

Mais íntimo a mim do que eu mesmo, é te descobrindo que eu me encontro, é procurando-me que me perco.

Mais alto do que o mais elevado de mim mesmo, mais profundo do que o mais profundo de mim mesmo, procurando-me eu me encolho, descobrindo-te eu me expando. É como um sol que contém todas as luzes.

Tu és a Consciência que está aí, antes que eu pense meu primeiro pensamento.

Tu és a Vida que está aí, antes que eu respire meu primeiro hálito.

Tu és o Amor que está aí, antes que eu deseje e queira meu primeiro desejo, meu primeiro querer.

Deus precede em mim o desejo de Deus.

Não posso te sentir, no entanto tu és o perfume de tudo que respiro.

Não posso te tocar, no entanto tu estás aí, presença de tudo o que toco.

Não posso te ver, no entanto tu és a luz que me faz ver tudo que vejo.

Não posso te ouvir, no entanto tu és o silêncio que me permite ouvir tudo que ouço.

Não posso sentir teu gosto, no entanto tu és o sabor de tudo que provo.

Não posso te mostrar, no entanto tu és a elegância, o andar, o eixo e o prumo em cada um dos meus passos e de meus atos.

Não posso demonstrar tua existência, no entanto tu és a existência que experimento por meio de todos os meus sentidos.

Não posso te compreender, no entanto tu és a Consciência por meio da qual eu compreendo cada coisa.

Não posso crer em Ti, no entanto tu és a fé e a confiança que me fazem viver sem desesperar.

Não posso te amar, no entanto tu és o amor pelo qual me são dadas a alegria e a graça de amar e de te amar, a Ti, a Fonte de todos os meus amores.

Nosso erro não é querer o bem e não o realizar; mas sim não o querer totalmente, intensamente, e deixá-lo sempre para o dia seguinte.

Para querer alguma coisa totalmente, intensamente, é preciso amá-la, e é o amor que nos falta. O amor não depende nem de nosso querer nem de nosso conhecimento, é um dom, é a graça que nos falta.

A graça não nos é dada sempre e em todo lugar? Nós temos apenas medo de acolhê-la, pois acolhendo-a teríamos que "mudar" nossos modos habituais de ver e de pensar. Nós teríamos que "mudar".

Nós resistimos àquilo que nos convoca para o mais íntimo de nós mesmos.

O Self convoca o eu a transformar-se, a relativizar-se, a morrer e a ressuscitar. Nós resistimos à medida que nos identificamos com o eu que consideramos ser nossa verdadeira identidade quando, na verdade, somos muito mais vastos, mais inteligentes, bem mais vivos, mais felizes, mais amorosos…

Nós somos o Self.

O ego é a catarata do Self. Ele nos impede de ver a Luz.

A catarata não é o olho, mas sim uma doença do olho; e o ego não é o Self, mas sim uma doença do Self, uma perversão de nossa verdadeira identidade.

Precisamos nos lembrar sem cessar da graça de Ser que nos foi dada, da graça do Self.

Mais profundo do que o eu com o qual nos identificamos, mais vivo do que nossa vida mortal, mais inteligente do que nossa inteligência limitada, mais amoroso do que nosso coração estreito.

É da graça do Self que nasce a verdadeira elegância.

O eu até pretende adquiri-la por toda sorte de técnicas, de esforços, de artifícios, mas não pode obtê-la, porque a elegância não é algo que se possa "ter" ou "possuir", mas sim uma graça que se dá justamente quando não se procura "tê-la" ou "possuí-la".

A graça, o amor são realidades que se podem dar quando não se as possui; isso nos escapa.

É o melhor do melhor de nós mesmos, é a elegância do Self.

A Luz não é visível senão por meio dos objetos que ela ilumina, ao passo que ela mesma nunca é vista. A Consciência não é conhecida senão por meio dos objetos dos quais ela é consciente, mas ela mesma jamais é conhecida.

A Vida não é conhecida e visível senão nos corpos que ela anima e encarna, mas ela mesma permanece desconhecida e invisível.

O Self não é conhecido senão no eu que o exprime, mas ele mesmo permanece inalcançável.

Deus não é conhecido senão na criação, no universo e no ser humano que O manifestam, mas ele mesmo permanece um "Deus escondido", *Deus absconditus*.

Quer se trate do sujeito da visão, do sujeito da consciência ou do sujeito do desejo, o Sujeito permanece inalcançável, invisível, desconhecido, oculto, no entanto Ele se projeta e se manifesta em todas as coisas, é o ponto cego de todas as ciências e também de todo desejo e de todo amor.

Quem caminha? Quem sabe? Quem tem certeza? Quem ama? Quem existe? Quem está aí?

O inalcançável, o Infinito, o Real, o Self, o Deus: "Ele existe".

"Eu sou" a Luz, a Vida, o Amor.

"Eu sou" existe.

"Ame-O como o Silêncio, como o Inalcançável."

Então tu o amarás em todas as suas formas e aparições. Mas ame-O "primeiramente" como o inalcançável, ame-O por si mesmo, e sua essência se revelará em seguida por acréscimo em todas as suas formas.

É-se livre no dia em que não se busca, não se vê, não se deseja nada mais além do Infinito/Deus/do Self/do Real; não um deus, mas o Deus, não um self, mas o Self, não uma realidade, mas o Real.

Há apenas a Existência que existe; portanto, tudo é a Existência, tudo existe.

Não há outro "Eu" além de Deus.

Se eu existo: eu sou a Existência.

Eu sou: "Eu sou", o que mais eu posso ser?

A Existência, mas não toda ela? E, no entanto, Tudo está presente em toda existência, nada existe independentemente de toda existência.

Se eu nada quero e nada desejo além do Real, o que pode me faltar?

Por que eu me inquietaria?

A cada manhã, desperta teu eu sou ao "Eu sou" que está em toda parte e sempre presente, tua existência à Existência que está aí, em toda parte e sempre presente, desperta tua consciência à Consciência, tua vida à Vida, teu desejo ao desejo do Ser, ao desejo do Self, do "Eu sou" que está aí.

Aí, em teu sopro:

"Eu", ao inspirar, "sou" ao expirar, aí na Luz, dentro, fora, onde aparecem as mil e uma coisas, as imagens e os pensamentos. Aí, no claro Silêncio entre a expiração e a inspiração, entre tudo o que existe, entre dois desejos, dois pensamentos, entre teus dois olhos que olham juntos para o coração.

Todos os múltiplos olham para o Uno, do qual se originaram, o Uno que, na multiplicidade deles, encarnam e manifestam.

III

Do conhecimento de si à consciência do Self

No conhecimento de si mesmo, o eu é tomado como objeto do conhecimento e da investigação. Ele é buscado e "encontrado" como objeto, reduzindo-se então ao cérebro ou ao corpo que, na realidade, são apenas os instrumentos do autoconhecimento, mas o eu, ele mesmo, escapa ao conhecimento, conhecer a si mesmo é conhecer-se como desconhecido; "Conhece-te a ti mesmo" é um preceito "irônico" na boca de Sócrates. "Tenta conhecer a ti mesmo e descobrirás que nada sabes de ti." Ademais, não é nisto que consiste a sabedoria de acordo com Sócrates: "Saber que nada se sabe", libertar-se das pretensões e da gravidade de um pseudossaber ou de um pseudoconhecimento?

Na consciência do Self, o eu não é mais objeto, mas sim sujeito; trata-se de um conhecimento em primeira pessoa, de um conhecimento experiencial, em que eu experimento a mim mesmo ou descubro a Vida que se experimenta a si mesma em mim, por meio de dores ou alegrias.

A consciência do Self não se desenvolve por uma acumulação de saberes, e sim pelo aprofundamento, pela maturação. Ela se desenvolve por uma atenção a si mesma, primeiramente sobre nosso ser mais externo, suas sensações agradáveis e desagradáveis, depois sobre nossos pensamentos, triviais ou sublimes, seu ir e vir incessante. Trata-se apenas de estarmos atentos, de observá-los sem julgá-los.

A atenção pode se desenvolver mais e descobrir, sem analisar, esse silêncio entre dois pensamentos, esse intervalo entre dois respiros, esse espaço invisível entre as "coisas" exteriores e interiores.

Desse modo, nós nos tornamos mais e mais conscientes de nossa respiração, de nosso equilíbrio e de tudo que nos rodeia. Aproximamo-nos da consciência do Self, da Consciência da Presença que está em tudo e em todos, de sua energia que circula, de sua luz e de sua beleza.

Em nossas relações com o outro, podemos igualmente diferenciar o conhecimento que podemos ter dele e a consciência do outro como ele é, em si.

Podemos saber muitas coisas de alguém, sobre sua anatomia, sua psicologia, sua sociologia e até mesmo sobre seu pensamento filosófico ou teológico e, ainda assim, não sermos conscientes de sua presença, considerá-lo um "objeto", encantador ou interessante, mas sempre externo e alheio.

Também podemos não saber nada sobre alguém ou relativizar tudo o que sabemos dele e termos muito presente sua presença. Mais profundamente ainda, podemos estar conscientes do Self que o informa e que nos informa. A consciência do Self torna-se então comunhão de presenças.

É desse modo que o ser elegante aborda o outro, não como um erudito, como um inquisidor interessado em aprender algo novo sobre um corpo ou um pensamento, mas sim como um amigo interessado em estabelecer uma relação profunda entre dois Selfs, quer dizer, duas consciências do Self, duas elegâncias.

Sem dúvida, o mesmo ocorre na prática teológica. Pode-se falar de Deus como um objeto sublime do intelecto ou da vontade e pretender conhecê-lo a partir de suas obras (a Criação) ou de testemunhos transmitidos pelos sábios, pelos santos e pelos profetas (as Escrituras), mas Deus continua a ser um "objeto", o Ser primeiro, objetivo de todas as ciências e de todos os conhecimentos, mas sempre externo e alheio.

Pode-se falar de Deus a partir da Consciência, quer dizer, a partir da experiência que podemos ter, sentimento (noético ou psicossensorial) do Infinito, da Beleza, da Bondade, do Ser que possui todos os nomes e que não podemos nomear.

Trata-se não somente de um conhecimento científico ou "objetivo", mas também de um conhecimento contemplativo, participativo, que não depende apenas do intelecto e que não exclui nem o coração nem os sentidos.

Assim, aí pode dar-se um reconhecimento dos nomes divinos ou das qualidades divinas por meio da abertura consciente de todos os nossos sentidos:

A abertura do olhar para além dos objetos encontrados contempla a "luz" que os envolve e que nos permite enxergá-los.

A consciência do Self por meio dos olhos torna-se consciência do Ser como Luz.

A abertura dos ouvidos, para além e através de todos os sons escutados, pode voltar a atenção para o "silêncio", de onde eles emergem e para onde retornam.

A consciência do Self por meio dos órgãos da audição torna-se consciência do Ser como Silêncio.

A abertura do toque ou do tato, para além e através de todos os objetos palpáveis e mensuráveis, pode apreender a interioridade como um "espaço" impalpável.

A consciência do Self por meio dos órgãos do tato torna-se consciência do Ser como Espaço.

A abertura do olfato pode, por meio de todos os odores agradáveis ou desagradáveis que nos rodeiam, fazer perceber um perfume indefinível, como o do ar no cume de uma montanha, o cheiro do ar sem o qual não poderíamos viver e respirar.

A consciência do Self por meio dos órgãos do olfato torna-se consciência do Ser como sopro, perfume inefável.

A abertura e a consciência dos órgãos do paladar podem, por meio de uma multidão de sabores, fazer sentir um "sabor sem sabor", como uma água muito pura.

A consciência do Self por meio dos órgãos do paladar torna-se consciência do Ser como sabor indescritível, alimento sutil próximo do ar que respiramos.

O conhecimento de Deus por meio de nossos cinco sentidos torna-se, assim, conhecimento do Ser percebido como "luz", "silêncio", "espaço", "perfume" e "sabor" do Sopro.

O conhecimento de Deus, do Self ou do Ser torna-se então consciência da Luz, olhar vigilante e atento ao silêncio e à luz em torno e no coração de todas as coisas.

Consciência do silêncio, escuta despertada e atenta ao Silêncio, em torno e no coração de todo som, todo barulho, toda palavra ou todo canto. Consciência do espaço, tato e toque atento ao espaço em torno e interior de todas as coisas, sólidas, fluidas ou vaporosas. Consciência do ar que respiramos, do perfume, do sabor inefável.

Não devemos colocar em oposição o Conhecimento e a Consciência, e sim lembrarmos que, segundo Rabelais, "ciência sem consciência é apenas ruína da alma" ou ilusão de saber.

Ciência com consciência é gozo e nobreza da alma.

Ciência sem consciência conduz ainda à destruição do mundo. Assim, a consciência e a elegância do Self, mais do que uma ética, são uma necessidade!

Encontramo-nos com esse estranho paradoxo do ser humano nobre, para quem "apenas a graça é necessária".

A única necessidade é a elegância do amor, e esse amor não é objeto que se possa alcançar e possuir pela ciência. É uma graça a ser recebida sem cessar e acolhida por meio da consciência e através de atos sensíveis e inteligentes, de atenção e de presença.

As perguntas "Quem sou?" e "Onde estou?" são complementares. "Quem sou?" conduz-nos à aporia.

Não podemos conhecer a nós mesmos como objeto de conhecimento.

Somente podemos nos conhecer como sujeitos, autoconscientes, mas ser consciente de si mesmo não é ser consciente de um "quê" ou de um "quem", senão retorna-se à aporia. É estar no mundo, com aquilo que está no mundo,

ser sendo,

amar amando

respirar respirando

estar desse modo lá onde estou...

onde eu estou? onde, onde, onde?

aí, aí, aí...

é aqui e em toda parte, é em nenhum outro lugar e em lugar nenhum, é assim.

Eu estou aí,

Eu sou, estarei sempre aí, aí, aí...

O conhecimento do Self não demanda nenhum esforço, e é isso o difícil. Todos já observamos cachorros que olham sua cauda e de repente começam a correr atrás dela. Eles giram até cansar e sentam-se tranquilos sobre essa cauda tão procurada.

Nós procuramos o Self/o Real/o Infinito/Deus, corremos atrás dele por meio de toda sorte de ascese, práticas e rituais, e nunca o encontramos. O cão pode correr o mais rápido que quiser, sua cauda estará sempre igualmente distante de seus dentes, ele não conseguirá pegá-la. Nossa prática pode ser intensa como for, enquanto procurarmos pelo Self, ele continuará distante.

No momento em que pararmos de procurá-lo, esgotados, cansados, descobriremos que estamos sentados em cima dele ou dentro dele: nós o somos...

Foi o que aconteceu a Sidarta Gautama.

No dia em que parou de procurar o Despertar e permaneceu sentado ao pé de sua árvore, ele descobriu que era o "Buda", que sua verdadeira natureza era ser "despertado" e que ela já estava desperta desde sempre.

Não se pode obter o Despertar ou chegar a ele por meio de esforços. Pode-se obter riquezas, poder, fama, e para isso pode-se fazer muito esforço.

Para despertar, ser o Self, não há nada a fazer, apenas se distender, permanecer atento, observar que o que procuramos está em toda parte e sempre aí; nós estamos aí.

O Self está aí, só temos um instante para viver, e esse Instante é eterno.

O homem elegante surpreende-nos com a sua descontração, nada procura, nada espera, está ali, o importante não é o que ele faz mas como o faz.

Ele tem "a arte e o jeito" de viver, momento a momento, nada mais precioso do que ser um, com o que está diante dele.

Ele não olha para trás,
não se preocupa com o amanhã,
ele olha sem julgar, sem pensar, seu olhar é pura consciência,
pura presença.

Assim que surge um pensamento, uma preocupação em sua mente, ele pode sentir uma tensão, uma crispação em seu corpo.

O eu é uma crispação do Self, como o gelo é um endurecimento da água, um grande frio.

Mas, qualquer que seja a temperatura, é sempre água.

A Elegância é o eu que reencontrou a fluidez do Self.

Para que o gelo derreta, é preciso "fazer" algo mais do que colocá-lo sob o Sol? Não há nada a fazer; querer "quebrá-lo" faz somente com que ajuntemos pedaços de gelo ao gelo. O eu é uma crispação do Self, mas não deixa de ser o Self, assim como a cauda não deixa de ser o cachorro.

A questão continua a ser esta: como permanecer tranquilos, como sentar-se, como ficar ao Sol, como deixar que se derreta o eu?

Qual é a atitude correta para que, em todas as circunstâncias, a fluidez e a elegância do Self expressem-se em um eu não "dissolvido", mas que não lhe oponha obstáculo?

Essa é a questão do "tom certo" em que devemos viver nossa vida, em um corpo que não é nem crispado nem caído. Isso pode nos levar a praticar alguns exercícios cujo objetivo não é gerar elegância ou tornar transparente o Self, e sim ajudar-nos a reencontrar algo que está, quem sabe, esquecido, mas nunca perdido: a Presença do Infinito/do Real/do Self/de Deus, no corpo e no sopro frágil que somos nós.

"Retorna-se" ao Infinito/ao Real/ao Self/a Deus, do qual não é possível sair, por meio da atenção a tudo que está aí, em toda parte e sempre presente na consciência de seu sopro, de seu centro, de seu fascínio e de sua serenidade. Mestre Eckhart tem uma boa imagem para nos fazer compreender o que é nosso centro ou nossa serenidade, como presença do Self, que ele denomina "o homem nobre ou homem interior": "Uma porta se abre e se fecha sobre uma dobradiça, e eu comparo a borda exterior da porta ao homem exterior e comparo a dobradiça ao homem interior. Ora, conforme a porta se abre ou se fecha, a borda exterior vira para cá e para lá, ao passo que a dobradiça permanece imóvel em seu lugar e não sofre nenhuma alteração"[2].

Diz-se de uma pessoa que se deixa levar por suas emoções ou pelos acontecimentos que ela está "fora dos eixos", que ela não está mais naquele eixo imóvel que observa os vaivéns agradáveis ou desagradáveis que constituem sua experiência exterior.

Os cartuxos falam da Cruz como sendo "o eixo do mundo".

"O mundo gira, a Cruz permanece" (*stat crux dum volvitur orbis*).

Hoje se falaria do "olho do furacão", que permanece imóvel e calmo no coração do turbilhão; assim é nosso Self, nosso eixo. Esse eixo é também um "vazio", um vazio que permite, graças ao eixo, a roda girar e a porta abrir-se.

Assim podemos retornar ao nosso eixo e ao nosso centro pela percepção ou pelo pressentimento de que o que somos de mais Real é uma falha, um vazio em nós, pelo qual temos acesso ao Infinito ou à vacuidade (esse vazio de toda representação).

Na física quântica, quando você olha ou tenta medir uma onda, ela se "desmancha", vira uma partícula.

A redução fenomenológica opera da mesma forma. Basta olhar alguma coisa atentamente, profundamente, intensamente; depois de algum tempo, "a coisa desmorona". O que se tem é apenas *"no-thing"*[3], não uma coisa; talvez a "clara luz" (*deus, dies*), a pura Consciência, a pura Presença: Parusia.

Se a questão não é o olhar e a atenção, o caminho, quem sabe, será o quê? Quem sou?

Chega um momento em que o fundo daquilo que eu pensava ser, uma coisa ou um eu "quebra", "desmancha-se", e resta a luz, o Infinito que sempre esteve aí.

---

2. MESTRE ECKHART. *Les traités*. Traduzido para o francês por Jeanne Ancelet-Hustache. Paris: Seuil, 1996, p. 167 [Col. Sagesses].

3. "Coisa alguma", "nada" em inglês [N.T.].

O jarro quebra, sobra o espaço. O jarro (a forma, o corpo) existe apenas para mostrar o espaço (o infinito, a pura consciência), para contê-lo ou para ser por ele contido? Os momentos de meditação são momentos nos quais, por meio de uma falha, no tempo, em um objeto, em um pensamento, em uma palavra, abre-se o espaço.

A verdade, aquilo que alguns chamam de morte, é quando a falha faz-se abertura total.

O jarro quebra-se ou dissolve-se, o Espaço revela-se.

Ser iniciado, "morto antes de morrer", é quando o jarro é aberto. A falha não é uma necessidade.

A falha é uma metáfora um tanto quanto dolorosa do Aberto, mas é exatamente por meio de nossas falhas, de nossas aberturas ou de nossa escuta que descobrimos o espaço, o Infinito que somos por dentro e por fora, para além de todo o interior e de todo o exterior. Em certo nível de consciência, como os átomos e as partículas desfazem-se, as dualidades desaparecem.

O que resta é o que sempre foi, o que sempre é, o Infinito ou qualquer que seja o nome que lhe damos, ou que ele se dá através de nós.

É importante lembrar que nosso Self não é uma coisa qualquer, seja um ser supremo (ainda assim um ser), o Self está além do ser, "mais que Ser", vacuidade inapreensível, espaço puro; nosso eixo também é um eixo inapreensível, um eixo de luz, uma coluna de ar e de luz que nos religa ao infinito do espaço.

O medo de nada ser

Temos medo de não saber, quando é o não saber o verdadeiro conhecimento.

Temos medo de nada poder, quando é o não poder a verdadeira potência.

Temos medo de nada ter; contudo, é quando nada temos que descobrimos que tudo nos é dado.

É quando somos reduzidos a nada que descobrimos quem somos.

Nosso grande medo é o medo da falta, sendo a falta nosso ser e nossa essência. Não somos nada e justamente esse nada que somos é tudo.

Non sum, ergo sum.

Medo de deixar de ser, mas, justamente, não temos ser; nós não somos por nós mesmos.

Mais prosaicamente, nós temos medo de que nos falte o alimento, medo de que nos falte a água, medo de ter fome e sede.

Temos medo de não ter afeto e reconhecimento, medo de não receber amor, medo de sofrer, medo de adoecer, medo de morrer.

Temos medo de que nos falte dinheiro, de que nos faltem forças etc.

O que nos dizem as bem-aventuranças a respeito disso?

Que nossa felicidade está nessa falta!

Yeshua parece fazer o elogio das "virtudes negativas":

"Bem-aventurados os pobres e não os ricos, os mansos e não os poderosos, os famintos e sedentos e não os saciados, aqueles que choram e não os consolados, os corações puros e não os corações cheios, os artesãos da paz e não os chefes da guerra, os perseguidos pela justiça e não aqueles que são respeitados, reconhecidos e benquistos por todos."

Essas "virtudes negativas" são os paradoxos de que o Evangelho é repleto. "Os primeiros serão os últimos", "Quem se eleva será rebaixado", "É na fraqueza que minha força se manifesta", "Felizes sois vós quando vos insultam e perseguem por causa de mim ('Eu sou')".

"Por causa de mim" ou por causa do Self, é isso que não devemos esquecer. Por causa do "Eu sou", descobri quem é "Eu sou" em mim: não sou eu, não é "minha" vida, "minha" inteligência, "meu" poder, pois "é quando sou fraco que sou forte", "é quando não sou" que "eu sou".

É porque "Eu sou" (YHWH) está conosco "até o fim do mundo" que não temos medo de que nos faltem inteligência, poder, afeição.

"Vosso Pai sabe bem de que tendes necessidade e de que todos os humanos precisam."

Vós, portanto, não tende medo do vazio, do nada que sois.

É nesse vazio, nessa falta de ser que vós sois, que "Eu sou".

A Vida no âmago de vossa falta de vida, de força e de potência. A Consciência no âmago de vossa falta de saber e de inteligência.

O Amor no âmago de vossa falta de confiança e de amor.

Se procurardes a vós mesmos, encontrareis o nada, o abismo que sois, a não vida, o não conhecimento, o não amor que sois.

Se me procurardes em vós, encontrareis Tudo, o Infinito que eu sou, o Inapreensível, o Inconcebível, o Incontível.

Há ainda o medo de errar o alvo (*harmatia* em grego, traduzido por "pecado"), o medo de ter falta de mim, o medo de deixar passar o Ser e a Vida verdadeira.

Também aqui "não tenhais medo", "não tenhais medo de ter medo".

O Real/o Infinito/o Self/Deus não pode jamais nos faltar. "Eu sou" está em toda parte e sempre aí. É uma certeza que experimentamos por nosso desconhecimento, por nossa vacuidade.

A leveza é essa elegância que nasce da consciência de ser vacuidade, essa consciência de não ser o Self e de deixar o Self ser.

"Pelo não agir, não há nada que não se faça", dizia Lao-Tsé. Por nosso não ser, o Ser desdobra-se.

Nossos não saber, não ter, não poder são as grandes falhas pelas quais a grande Vida, a Consciência pura e o Amor infinito podem se expandir.

No "Pai-nosso", não se pede nada, nada para si, nem ter, nem saber, nem poder; pede-se tudo para que o Outro seja, para que "eu sou" viva e reine.

"Que Seu nome seja santificado", que a origem do Self, de "Eu sou", a Fonte, o Pai seja reconhecido, celebrado, encarnado,

"Que Seu reino venha".

Não é mais o reino do ego, de seus instintos e de seus caprichos, e sim o reino do Espírito, o reino do Real/do Self/de Deus, que pede

"Que Sua vontade seja feita".

Através e além de meus desejos e de minhas vontades, que a vontade do Real/do Self/de Deus cumpra-se.

"Dá-nos hoje nosso pão *épiousion*."

Esse pedido não é, afinal, o pedido de alguma "coisa", de algo de que temos necessidade?

No texto, trata-se de um "pão supersubstancial" (*épiousion*).

Um alimento que não apenas atende a nossas necessidades ou desejos mas também nutre nosso ser em sua relação com o Real/o Self/Deus.

"Perdoe-nos nossas ofensas como nós perdoamos."

Trata-se de esvaziar-se de todos os rancores, de todos os remorsos, de todas as lembranças, de todos os pensamentos negativos; nesse vazio, o dom e, além do dom, o perdão podem se espalhar.

"Não nos deixe ser vencidos pela tentação", não permita que nós nos identifiquemos com a provação que tenhamos que experimentar; quer dizer, o eu separado de Ti, separado do Self.

Liberte-nos do perverso, daquilo que perverte o Ser e que se faz passar pelo Ser: o mental, o mentiroso, o eu.

Quando "Eu sou" em mim é sem mental, sem pensamento e sem mentira, seu reino, sua potência, sua glória, seu dinamismo, seu brilho, sua beleza podem se manifestar.

Pelo "Pai-nosso" não pedimos ao Infinito/ao Real/ao Self/a Deus "alguma coisa", mas sim "que Ele seja", que nós O deixemos Ser o que Ele É, por nosso bem-estar e pelo bem-estar de todos.

A cada uma de nossas expirações evocando seu Nome – "Eu sou" –, marcamos com um "Amém" silencioso nosso assentimento ao Ser que é Infinito/Real/Self/Deus.

As tradições da Índia, particularmente o xivaísmo da Caxemira, lembram a importância do Self:

"Conhecer o Self é o verdadeiro propósito da existência humana. Por ignorar o esplendor de seu próprio Self, o ser humano costuma crer-se insignificante, imperfeito, separado de Deus. É o motivo por que ele não consegue apreender sua própria dimensão divina."

Nós praticamos diversas disciplinas com o único objetivo de conhecer esse estado divino. No entanto, não são as práticas espirituais que permitem chegar ao Self, pois o Self já está alcançado. O Self está sempre conosco. Da mesma forma que o Sol não pode ser separado de sua luz, o Self não pode ser separado de nós. É seu poder que nos mantém vivos. Se o Self não estivesse presente em nós, nossos olhos não veriam, nossos ouvidos não escutariam, nossa respiração não poderia fazer o ar entrar nem sair. Se o coração bate e se o espírito pensa, discerne e imagina, é graças ao Self. Se o amor nasce em nós, é graças ao Self. O Self anima a todos os nossos sentidos e revela os objetos que percebemos através deles. O corpo não funciona de maneira autônoma. Sem a presença do Self, ele é apenas um cadáver.

O Self não apenas impregna e anima nossa existência individual, mas também vibra em cada átomo deste mundo. Assim, o Self é visível, manifesto. Alguns filósofos dizem que o Self não pode ser conhecido, e, contudo, o Self está sempre aí, em cada instante de nossa vida.

Um sábio escreveu: *"Swatandra svachchatma sphurati satatam chetasi shvah"* – "O Self, Shiva, é supremamente puro e independente e pode-se sentir permanentemente sua pulsação no espírito"[4]. "Os sentidos não podem percebê-lo porque é ele que os faz funcionarem. O espírito não pode percebê-lo porque é ele que o faz pensar. Entretanto, é possível conhecer o Self, e para isso não são necessários nem o espírito nem os sentidos"[5].

Nessas tradições, diferentes práticas serão propostas para recuperar a consciência do Self.

Ao lado da pergunta *"Ko ham?"*

"Quem sou eu?"

Quem pensa quando eu penso?

Quem ama quando eu creio que amo?

Quem medita? Quem sofre? etc.

Há a respiração *So'ham*, "Eu sou", *So* ao inspirar, *ham* ao expirar ou *So* ao expirar, *ham* ao inspirar. É um "mantra" considerado natural, que se adapta ao ritmo da respiração, não tanto para ser dito quanto para ser ouvido.

Escutar a presença do Self, do "Eu sou" em nós e pensar, falar, agir a partir dessa presença.

Em hebraico, uma vocalização do tetragrama como *ya-ou* adapta-se igualmente ao ritmo da respiração; do mesmo modo é o nome de *"Yeshua"* no cristianismo: *Yesh* ao inspirar, *hua* ao

---

4. Abhinavagupta, citado por Maheshwarananda em *Maharthamanjari*.

5. MUKTANANDA, Swami. *Je suis cela*: La science de Hamsa d'après le Vijnana Bhairava. Saraswati. p. 6-7.

expirar. Pode-se também dizer *"I am"*, "eu sou" em inglês, que não está longe do som e do sentido do mantra sânscrito.

A oração de Yeshua não era outra que o Nome da fonte e da origem de tudo o que vive, que respira: em aramaico, *"A'um"* (*abba*, em hebraico), próximo do *Aum* sânscrito, considerado o Som primordial.

A oração dos cristãos é uma oração trinitária, ou seja, "em relação". A relação ou o amor sendo o segredo do Self, é a oração de "Eu sou" voltado para o Espírito, ou seja, para o sopro (*pneuma*) ao Pai (*A'um*).

Segundo Mestre Eckhart, o homem nobre é o filho de Deus, o logos em cada um de nós, e nossa oração é uma oração filial (*A'um*).

Ela nos faz entrar na relação infinita que é o Real/o Self/ Deus.

IV
O eixo, a andadura e o prumo

Eixo
Linha ideal em torno da qual se efetua uma rotação.
Linha reta em torno da qual se dá o movimento de rotação de um corpo celeste.
Linha que passa pelo centro na maior dimensão (axial), o eixo do corpo, o eixo de uma rua, eixo cérebro espinhal ou neuro-eixo.
Axial, que está no eixo.

Andadura
de "andar", andante,
velocidade de deslocamento,
percurso, andamento, passo.
"A andadura nobre que se chama de passo de embaixador" (Balzac), embaixador, enviado do Ser, do Self.
Postura, distinção,
Ter modos no andar, nobreza na postura. Comportamento, conduta, belo aspecto no andar, andar gracioso.

Prumo
Vertical de uma linha, tal como ela é indicada pelo fio do prumo.

Equilíbrio de um corpo em posição vertical.

Tranquilidade de uma pessoa a quem nada desconcerta (mesmo a autoridade), ter prumo é estar na vertical sobre o "caminho justo". Em bom estado físico e moral, reaprumar-se, reencontrar sua integridade, sua "retidão".

Pode-se simbolizar o "eixo" de diferentes maneiras:

1 – Aquilo que integra e harmoniza os diferentes componentes do ser humano:

Ficar de pé é sentir-se puxado para cima por um fio de prumo e sentir-se puxado para baixo por nosso próprio peso ou nossa própria gravidade.

Trata-se de manter unidos a terra e o céu, a matéria e o espírito, o peso e a graça.

2 – O eixo pode ser também considerado como o eixo ou a via do meio, o espaço intersticial entre o que o mental considera "opostos", o espaço onde os contrários podem ser "considerados" complementares.

Ser Superior ⇦	Ser absoluto	Ser relativo	
	Self	Eu	
	Homem interior	Homem exterior	
	Deus	Homem	
	Pessoa	Indivíduo	Nada
	Sujeito	Objeto	⇨ Não-ser
	Essência	Existência	
	Natureza naturante	Natureza naturada	
	Não manifesto	Manifesto	

O ser humano está "entre" o Ser e o não-ser ou entre o Ser absoluto e o ser relativo.

Pode-se pender para um lado ou para o outro, para o Ser, o Self, Deus, o Infinito, o Ser superior, ou para a existência, o eu, o humano, o finito, o não-ser.

Manter-se no eixo é nossa condição humana,

entre o finito e o Infinito,

o tempo e a Eternidade.

Manter ambos juntos, à imagem do "arquétipo da síntese", o Deus-homem, é nossa nobreza.

Trata-se de desenvolver em nós o senso do intersticial, de estar atento a esse silêncio entre dois pensamentos, dois sopros, duas emoções, dois desejos.

O intersticial é o silêncio entre dois pensamentos, dois sopros, duas emoções, dois desejos.

Concretamente, isso leva a uma atitude paradoxal preconizada pelo autor de *A nuvem do não saber*: "Quando vês que duas práticas podem ter um uso bom ou mau, eu te peço, deixa ambas de lado… Procura algo oculto entre as duas… que te permitirá, com toda liberdade, assumir qualquer uma delas"…

O que está oculto entre as duas é o Real/o Self/Deus.

O Real, o Self, Deus por quem deves falar se tiveres que falar, calar se tiveres que calar, comer se tiveres que comer, jejuar se precisares jejuar… Pois o silêncio não é o Real/o Self/Deus. A palavra não é o Real/o Self/Deus. Assim como todos os pares de opostos, o Real/o Self/Deus está oculto entre os dois.

Sengcan parece igualmente nos convidar a permanecer no eixo intersticial:

"O caminho da perfeição não é difícil, a menos que evitemos escolhê-lo. Quando já não existe amor nem ódio, ele se revela em toda sua clareza, mas, mesmo que o desejo de percorrê-lo fosse da espessura de um cabelo, um abismo profundo separa imediatamente o céu e a terra. Se você deseja que o caminho se manifeste, descarte os 'prós e contras'; essa é a doença do espírito. Enquanto você não tiver chegado à fonte de todas as coisas, seu espírito atormentado se fatigará em vão"[6].

Esse espaço intersticial também é o espaço entre os dois hemisférios de nosso cérebro, o espaço entre nossos órgãos e nossos membros que permite a circulação do ar e do sopro, a circulação da vida. É um espaço vazio, mas que nada tem de morto. Dele tudo jorra, e ele a tudo contém.

"Vacuidade não quer dizer nada. O vazio do espírito não significa aniquilamento do espírito. Não se equivoque a esse

---

6. Atribuído a Sengcan, terceiro patriarca do Budismo Zen, morto na China em torno de 606 d.C.

respeito. O vazio ilimitado do Espaço contém o Sol e a Lua, as estrelas, a Terra e todos os seres vivos... o Céu e o Inferno. Todos estão incluídos na vacuidade, tal é a vacuidade da natureza humana"[7].

Esse Espaço é nossa verdadeira natureza, a natureza do Ser despertado desde sempre, nossa natureza de Buda, dirão os mestres Zen e dos diferentes budismos, é nossa "graça original", nossa verdadeira natureza à imagem e à semelhança de Deus, antes da queda na consciência dualista e no reino conflitivo dos contrários e dos opostos, diriam os diferentes cristianismos.

Segundo Hui-Neng:
"Se você não encontrar refúgio em sua própria natureza, não encontrará refúgio em lugar nenhum."
"A Sabedoria do Despertar é inerente à nossa natureza."
A graça é nossa natureza original, a graça inapreensível, a liberdade, a gratuidade incompreensível que nos permite ser o que somos. É preciso antes de tudo despertar à graça (inclusive a abrupta ou "recebida") e em seguida desenvolver a consciência de ser (gradualmente), como indica o Nome "Eu sou/eu serei".
Despertar, primeiramente, ao Uno (à não dualidade) e descobrir Sua Presença no múltiplo.

A não dualidade ou o teto da Capela Sistina

Na verdade, não existe dualidade entre o finito e o infinito; o finito está no infinito, ele não está separado do Infinito. Não existe dualidade entre o eu e o Self, existe apenas o Self, do qual o eu é uma manifestação mais ou menos transparente. Da mesma

---

7. HUI-NENG. Mahaprajnaparamita. *In*: BROSSE, Jacques. *Les Maîtres zen*. Albin Michel, 2001, p. 94-95.

forma, poderíamos dizer que não há dualidade entre Deus e o ser humano, o ser humano existe em Deus ou não existe. Ele existe no Real ou ele não é real. A Criação está no Criador, ela não pode estar separada dele, senão não existiria. Não há existência separada da Existência.

Então, de onde nascem essas distinções que se transformam tão rapidamente em oposições e separações? Essas distinções só existem no espírito, mas o espírito não é definido por essas distinções. A consciência é o que contém essas distinções, essas oposições, também esses complementos ou essas alianças, como aquele espaço vital no teto da Capela Sistina, em que aparecem nitidamente distintas duas representações, a de Deus e a do ser humano, com seus dedos voltados um para o outro sem se tocarem, designando o espaço virgem que está "no fundo do fundo", sendo desse espaço que emergem essas duas representações distintas mas não separadas. O "vazio" as contém.

Esse espaço é o Real, a Consciência pura que contém as formas, as imagens, os conceitos, todas essas "representações" ditas opostas ou separadas.

O reconhecimento desse vazio ou dessa consciência pura faz revelar-se a Presença (parusia) na qual se aplacam e se satisfazem as aparências ou "representações" contraditórias do único Real.

V

A elegância ou a transparência do Self no corpo que nós somos

A nobreza ou a elegância do ser humano é uma questão de transparência.

Transparência do ser existencial ao Ser essencial,
do eu ao Self,
do ser finito ao Ser infinito,
do ser mortal ao Ser eterno.

Ou ainda, em outros termos, transparência de nossa vida finita à Vida infinita, de nossa consciência limitada à Consciência ilimitada, de nosso amor condicionado e condicional ao Amor incondicionado e incondicional, transparência do humano ao divino.

Essa transparência manifesta-se no corpo que somos por um justo "tônus", uma coluna vertebral flexível e reta, o verdadeiro eixo de vida, uma tranquilidade do Sopro, uma forma de ser ao mesmo tempo relaxado, vigilante e centrado, enraizado e aberto.

O "Dasein", o Estar-aí, do homem nobre não é apenas uma presença material, um estar no mundo; sua presença é também Energia, sua energia é também Informação, sua informação é também Consciência, sua consciência, enfim, é Silêncio – Desconhecido – Infinito.

O gelo sob o calor do sol revela-se água corrente, a água corrente vapor, o vapor nuvem, a nuvem espaço.

O Estar-aí do homem nobre assume todas as dimensões do Real, do mais denso ao mais sutil e para além. Ele está aí, totalmente visível e invisível, matéria e espírito, o peso da Presença que se chama entre os hebreus *kavod*, "a glória", é o peso mais leve, o peso do espaço.

No homem nobre, há algo dessa glória, dessa leveza que dá respiro a tudo aquilo que o envolve. Ele está presente não só como uma montanha, mas também como um céu aberto.

Esse homem nobre que foi Graf Dürckheim insistia particularmente na transparência do ser existencial ao Ser essencial. Isso era para ele o objetivo e o sentido da vida humana, sua relação com a transcendência, e isso no corpo que somos. Ele falava, assim, de uma "transcendência imanente" que podia aparecer em uma "postura", um gesto, um movimento, um sentar-se "correto".

Uma "postura"; aí encontramos a elegância.

Duas atitudes impedem a Realização e a Transparência do Self: a crispação e a dissolução.

A crispação é uma espécie de fechamento no eu, em que nos separamos das forças vivas do Self, sempre em movimento. O eu é uma crispação do Self. O Self não passaria de um eu totalmente distendido que "deixa ser" o Ser infinito no âmago de sua finitude não crispada, não apegada, não identificada com sua forma. Mas a "distensão" do eu não é sua dissolução, o "deixar ser" não é um "deixar ir". A uma atitude de crispação, ombros levantados, geralmente sucede uma atitude caída, em que o eu perde sua estrutura e sua forma. O "tônus" certo ou a justa "tensão" procura evitar ambos os extremos. Manter-se reto não equivale a ser rígido, ser vigilante não significa estar tensionado, como ser flexível ou distenso não implica ser amorfo.

A prática da atitude correta, do "tônus" certo é acompanhada de uma respiração correta, que é nossa respiração natural quando nenhuma crispação ou tensão entrava-a. Geralmente, nós não respiramos "ao largo"[8], não vamos até o fim de nossa inspiração, assim como tampouco vamos até o fim de nossa expiração. Além disso, nossa forma de respirar ensina-nos a respeito do que somos. Uma dificuldade para inspirar indica, quem sabe, uma dificuldade de tomar e receber, e uma dificuldade para expirar poderia indicar uma dificuldade para dar, para entregar-se. Receber-dar, dar-receber, é o próprio ritmo do sopro que deve ser equilibrado.

A arte de viver não seria igualmente esse equilíbrio entre dar e receber? Ser capaz de receber para poder dar, dar profundamente, expirar profundamente, nada reter, para receber o vazio, a inspiração generosa que é dom do Ser.

A atitude justa depende sempre da presença de um centro de gravidade justo. Entre as atitudes falsas, encontram-se aquelas que indicam que o centro de gravidade deslocou-se para cima.

É o que se ensina, geralmente, nas escolas: "peito para a frente, barriga para trás".

Essa atitude não é somente corporal, ela também revela uma afirmação do eu; ombros levantados (acrescentam-se, por vezes, ombreiras), apartado de suas forças vitais e de seu verdadeiro centro, que se encontra mais "no meio" do corpo, naquilo que os japoneses chamam de *hara*.

Hara significa "ventre"; o conjunto formado pelo ventre, a bacia e a parte baixa da coluna vertebral é um todo no qual se firma a atitude justa.

Estar em seu *hara* é estar-aí (Dasein), bem enraizado na terra, aberto ao céu (ao Espaço) no Sopro.

---

8. Respirar "ao largo", em hebraico *Yessah*, que quer dizer "ser salvo", de onde se origina o nome de Yeshua, Salvador, aquele que respira "ao largo", aquele que é livre.

Relaxamos os ombros no começo da expiração; não se trata de impulsionar os ombros para baixo, mas de relaxar-se os ombros. A expressão francesa *lâcher prise*[9] é experimentada aqui corporalmente, mas não significa deixar-se afundar sobre si mesmo, e sim instalar-se, assentar-se, por assim dizer, sobre sua bacia no fim da expiração, ficar então em seu *hara*. "O Ser está aí", "Eu sou, aí".

Uma experiência muito simples reportada por Graf Dürckheim torna possível dar-se conta facilmente dos benefícios dessa atitude:

"Aquele que, com as pernas afastadas, fica em sua postura habitual, pode cair para frente mediante qualquer empurrão nas costas, ao passo que a pessoa ancorada no *hara* possui uma estabilidade impressionante. Nessa atitude, é até mesmo possível resistir a uma forte sacudida. A razão disso é simples: o centro de gravidade dele está corretamente posicionado. Da mesma forma, é praticamente impossível tirar do chão uma pessoa que esteja ancorada no *hara*"[10].

Graf Dürckheim observa igualmente: "O que sentimos no nível da nuca e dos ombros está estreitamente ligado à maneira como ficamos bem ancorados ou não na bacia".

Isso não apenas é uma atitude física, mas também diz respeito à pessoa em sua maneira de existir, não centrada em seu pequeno eu, e sim no Self, ou na "grande Vida" que a perpassa. É assim que alguém se torna verdadeiramente uma "pessoa", um indivíduo através do qual o "som" do Ser pode fazer-se ouvir (*per-sonare*).

Estar centrado é ser testemunha de algo maior do que si mesmo, é estar aberto à unidade e à presença do Infinito. Em

---

9. Soltura [N.T.].

10. DÜRCKHEIM, Graf. *Méditer, pourquoi et comment?* Vers la vie initiatique. Courrier do Livre, 1978. p. 121.

outro contexto, é o que lembra o Maharal de Praga[11]: "Toda unidade é um centro, os extremos são divididos, apenas o centro é Uno... pois o Todo é o equilíbrio central que engloba as partes nas quais todas as parcelas encontram-se, no centro encontra-se tudo"[12].

Uma vida sem sentido é uma vida sem centro. Faça o mesmo, abra uma porta, desça a rua, encontre um amigo, compartilhe uma refeição... sendo "centrado" ou "descentrado", então perceba a diferença.

O homem nobre ou o homem elegante é aquele que, mediante uma "postura" justa, uma respiração justa, uma atitude acertada reencontrou seu centro; a plenitude da Presença pode se revelar nele e por meio dele.

---

11. Rabino Yehuda Loew [N.T.].

12. NEHER, André. Le Maharal de Prague. *In*: NEHER, André. *Le Puits de l'exil*. Tradition et modernité: La pensée du Maharal de Prague (1512-1609). Éditions du Cerf, 1991, p. 62.

VI

A experiência do Self ou a visão do homem interior

Segundo Mestre Eckhart, nobre é o homem interior, o Self, o "humano oculto do coração" à imagem do *Deus absconditus*. O ser humano que se conhece a partir do interior conhece "outramente" todas as coisas, a partir do Self infinito, mais do que a partir de seu eu recebido em herança e limitado.

Na vastidão de seu olhar, as coisas estão no seu lugar, efêmeras, transitórias; nenhuma delas ocupa todo o espaço.

Todo o lugar é dado ao Espaço no qual todas as coisas estão em seu lugar, sempre permanentes e em devir...

A nobreza humana está em seu poder de ser e de dar, no dom que é seu devir (Eu sou/Eu serei), um devir que não o faz "sair" de seu ser, mas que amplia e prolonga seu ser.

Alguns dizem: "Deus está presente sempre e em toda parte" ou "o Real está presente sempre e em toda parte". É evidente; sem a realidade, nós não existiríamos para pensar isso e para dizê-lo; contudo, ninguém o vê nem o experimenta, a menos que "realize" e "reconheça" Isto, que está sempre e em toda parte presente, mas de que forma?

Alguns dizem que a eletricidade está presente em toda parte, mas apenas aqueles que estão "conectados" experimentam sua luminosidade, e para isso são necessárias lâmpadas e ampolas.

Eis aqui algumas lâmpadas e ampolas com as quais é possível "conectar-se" ao Real que está em toda parte e sempre presente:

– a consciência ou o reconhecimento
Estar consciente, reconhecer a vida, o sopro, a energia que nos é dada, aqui, neste instante.

– a frequência, a vibração, o silêncio
Sentir o movimento da vida que se dá, participar desse movimento pela inspiração, pela expiração e por uma apneia consciente; silêncio do qual nascem a frequência da vida, o "som" do Sopro, a leve vibração ou a agitação que ele pode induzir em todo o corpo.

– a gratidão
Agradecer o fato de existir, em louvor livre e gratuito; o coração consciente é sem dúvida a lâmpada mais viva e a mais apta a sentir a Presença da existência, na abertura, em toda parte e sempre presente.

– a *ápnoia*
A apneia consciente, suspensão mais ou menos prolongada da respiração, é uma inscrição corporal da *metanoia*. A *ápnoia* é a prova ou a experiência do que está além (*meta*) do inspirar e do expirar, o silêncio que está, ao mesmo tempo, na origem e no fim da inspiração e da expiração.

A *metanoia* é a prova ou a experiência daquilo que está além do pensamento (*meta*), o silêncio que está na origem e no fim de todo pensamento.

Ápnoia e *metanoia* são dois exercícios que podemos viver conjuntamente e assim nos aproximarmos da Fonte de toda a vida, de toda a consciência e de todo o amor: o Silêncio bem-

-aventurado que Yeshua chama de *"A'um"*, *"A'um dushmaya"*; "Pai nosso que estás nos céus", nossa fonte que é o espaço, o Infinito inapreensível.

Percebe-se ainda que, quando estamos em *apneia* (suspensão da respiração após inspirar ou de preferência após expirar), não há pensamento. O Silêncio original e final, a Consciência pura ou a pura Presença, dá-se a ouvir e a sentir.

O silêncio é o que habita em toda parte e está sempre presente quando "passam" os pensamentos e os ritmos variados de nossa respiração.

Não feche os olhos
Não ponha véus nem pálpebras entre aquilo que você chama de visível e de invisível.

Abra os olhos
Dirija-os para o interior (*metanoïete*)
Contemple esse espaço dentro de você, em volta do coração, esse espaço infinito e invisível…
De olhos sempre abertos,
Contemple agora o mundo visível
Diante e ao redor de você,
A partir desse espaço infinito e invisível
dentro de você…

Olhe conjuntamente o visível e o invisível,
o interior e o exterior,
o manifesto e o oculto,
deixe-os aparecerem juntos,
contemple, veja, é a parusia,
não dualidade, infinita Presença.

Repita muitas vezes esse exercício até que se torne seu olhar.

Até que se torne o olhar do Vidente em você, que vê o visível e o invisível de tudo que vive e que respira.

O Real/Deus, a Consciência/Deus, mais profunda e intensamente ainda: o Amor/Deus invisível que faz girar a Terra, o coração humano e as outras estrelas.

Que mundo podemos construir a partir dessa experiência?

Como passar de uma parusia pessoal a uma parusia coletiva?

Inicialmente, o mundo não precisa ser construído nem instruído; ele já está aí.

Cabe-nos reconhecê-lo (com esse novo olhar), celebrá-lo, ocuparmo-nos com ele, isto é, cuidar dele, torná-lo belo, jardiná-lo!

O ser humano deveria, antes de qualquer outra competência, ser um jardineiro – jardineiro da terra ou jardineiro das palavras e das cores (como são os poetas e os artistas).

Jardinar e partilhar o fruto de seu trabalho e de suas colheitas em sublimes "banquetes" (platônicos ou bíblicos).

Nós nascemos para amarmo-nos uns aos outros, para amar a Terra e a todos os seus habitantes, o céu, a todos os seus anjos e os seus deuses, "como a si mesmo". Como ao próprio Self, como ao Real/Deus que somos com tudo aquilo que vive e que respira, o visível e o invisível.

Pousar sobre todas as coisas um olhar imaculado, silencioso é mudar o mundo, fazer aparecer o que chamamos de Reino, quer dizer a parusia do Ser, da Consciência e do Amor.

Esse olhar, essa escuta, esse toque imaculados e silenciosos são os de Maria, de Yeshua e também os de Buda, de Lao-Tsé, e ainda de cada um de nós quando estamos em paz conosco mesmos, com os outros, com Deus, com tudo.

Com esse olhar imaculado e silencioso, ou seja, com essa consciência, podemos agir de modo justo e eficaz segundo as circunstâncias, segundo o que advém, dia após dia, dando um passo depois do outro.

Nossos projetos não se realizam no tempo, mas sim no atemporal, na Presença pura do instante (*kairós*).

Abrir os olhos para o interior, dirigir a atenção para esse espaço invisível, infinito em volta do coração; na consciência ou na luz desse espaço infinito, invisível, observar o surgimento e o desaparecimento dos pensamentos, dos desejos, das emoções, das sensações; daquilo que consideramos como "bons" ou "maus espíritos", ou ainda como "anjos" ou "demônios"; sem atração, sem repulsa, sem indiferença, sem julgamento.

Habitar na Consciência desse espaço invisível e infinito, em nosso meio, no ambiente do coração, e acolher tudo que vem e que vai, tudo que passa. Habitar na Consciência que é e que permanece, em Sua luz ver todas as luzes invisíveis ou coloridas, agradáveis ou desagradáveis, tranquilas ou incômodas, todas transitórias e passageiras.

A grande obra, trabalho e exercício

"Trabalhai não pelo alimento perecível, mas sim pelo alimento que nutre em vós a Vida eterna, que nos é dada pelo Filho do homem, aquele que o Pai marcou com seu selo.

Eles lhe disseram: 'O que é necessário para realizar as obras de Deus?'

Yeshua respondeu: 'Aderi Àquele que Ele enviou, eis a obra que Deus vos pede'"[13].

Eis a grande obra, o exercício, o trabalho a que o Real/ Deus conclama-nos, o que nutre em nós a Vida, a Consciência e o Amor verdadeiro e eterno.

---

13. Jo 6,27-29.

"Aderir" é ser um com "Eu sou", "Eu sou" que é a presença (parusia, Revelação) do Filho em nós, quer dizer a relação que cada um de nós mantém com a Fonte de sua existência que Yeshua denomina "seu Pai e nosso Pai", *Abba* em hebraico, *A'um* em aramaico.

Isso é o que nos é "dado", "enviado" a cada instante.

Nosso trabalho, nosso exercício é reconhecer o dom de Deus, Sua presença no mais profundo de nós mesmos, essa presença que é relação, intimidade, união, unidade com a Fonte de toda a realidade.

Todo ato de vida consciente e reconhecedor,

Todo ato de amor consciente e reconhecedor,

Todo ato de pensamento consciente e reconhecedor é adesão, participação na vida, no amor, na luz do Real/de Deus. É isso que somos convidados a experimentar e vivenciar: levar uma vida filial e divina no coração dessa vida transitória e mortal.

A energia, a consciência e a gratidão; o corpo, o coração e o espírito aderem a cada instante ao movimento da Vida que se dá na batida do Sopro que nos atravessa no som ou *"murmúrio"* que era a oração incessante de Yeshua:

"A'um", *"A'um dushmaya"*, "Pai nosso que estás nos céus".

Presença do Espaço infinito e invisível em nós, de onde todas as coisas surgem e onde todas as coisas se recolhem.

* * * *

"Tremor de Adonai, princípio do saber"[14],

"temer a Deus, princípio do saber"[15].

---

14. Tradução para o francês de André Chouraqui. O termo hebraico *Yir'ah*, com frequência, foi traduzido pelos teólogos gregos da Septuaginta com as palavras "temor", "piedade", o que fez passar de 6 a 7 o número dos dons do Espírito Santo (cf. Is 11,2).

15. Tradução da Bíblia de Jerusalém.

Podemos induzir esse "tremor da carne" na presença do inesperado ou do imenso, fonte de conhecimento psicocorporal do Self?

Essa frequência é também aquela do verdadeiro orgasmo, um prazer que transborda o corpo e a consciência.

1 – Começar por "sacudidelas" mais ou menos fortes que afrouxam os nós e as tensões do corpo.

2 – Em seguida, entrar em um tremor ou uma vibração global dos pés à cabeça, sentir a energia circular, observar os "pontos" mortos que não vibram.

3 – As vibrações tornam-se mais leves, sutis; aproximar-se dessa frequência do corpo vivo, consciente, amoroso, presente à pura presença do Self.

* * * *

"Procurai, em primeiro lugar, o Reino de Deus dentro de vós, e tudo vos será dado por acréscimo."

- Olha, em primeiro lugar, para o interior (o infinito, o invisível), e tudo (o que está no exterior) lhe será dado por acréscimo.
- Escuta, em primeiro lugar, o interior (o silêncio, o indizível), e ouvirás tudo o que é dito, gritado, cantado no exterior.
- Toca, em primeiro lugar, o interior das coisas, entra em contato com o impalpável, e tocarás a superfície, a casca, a forma de todas as coisas em sua beleza e em sua profundidade.
- Saboreia, em primeiro lugar, o interior de todos os sabores, e o insosso, o salgado, o doce, o picante, o azedo, o amargo revelarão a ti seus segredos.

- Respira, em primeiro lugar, o interior de cada perfume, e descobrirás o aroma, o odor particular de cada coisa, do mesmo modo como já descobriste a cor, o som, a espessura e o gosto.
- Sê, em primeiro lugar, atento à consciência de onde vêm os pensamentos, a consciência pura e silenciosa, as razões, os conceitos, as palavras virão a ti por acréscimo...

Se essas coisas desaparecerem, a Consciência não faltará a ti.

- Sê, em primeiro lugar, atento a esse espaço de onde vem o sopro e para onde o sopro retorna, esse espaço vazio e denso de onde vem a vida e para onde a vida retorna, uma respiração justa e consciente, uma vida e uma ação justas e conscientes serão dadas a ti por acréscimo.
- Sê, em primeiro lugar, atento a esse lugar de onde vêm os desejos, as emoções, os afetos; sê atento ao amor que existe no seu interior, e amarás a todos os seres de maneira justa e com equanimidade, amarás seus amigos e seus inimigos por acréscimo.
- Sê, em primeiro lugar, consciente de teus pensamentos, e pensarás melhor; sê consciente de teu sopro, e respirarás e viverás melhor; sê consciente de teus desejos, de tuas emoções, de tuas afeições, e amarás melhor.
- Dedica-te a cuidar, em primeiro lugar, de tuas terras interiores, de todos os corpos que te constituem, e o mundo será curado.
- Encontra a paz interior, e uma multidão será salva a seu lado.

O objetivo de todos esses exercícios é despertar em nós o ser humano interior e seu olhar íntimo. É nesse olhar eterno e sempre novo que veremos as coisas "tais quais elas são", não "atiradas aí", mas sim "dadas".

A graça de "ser em vez do nada" se nos mostrará.

Tudo poderá, assim, tornar-se, para nós, ocasião de gratidão.

A chave de todos esses exercícios está na "epístrofe", no "retorno" da consciência para si mesma, para sua fonte, o olhar "voltado para" o interior de onde brotam todos os pensamentos, todas as coisas, todos os eventos.

Esse olhar interior é o do gato ou o do sábio (veja o olhar distanciado de que fala Lévi-Strauss), esse olhar para o Aberto evocado por Rilke.

* * * *

No princípio, existe o logos, o logos está voltado para o *theos* (*pros ton theon*), a consciência original está voltada para a luz invisível e infinita. Ela permanece assim, nunca desviada ou pervertida, ou desorientada, em todos os níveis de realidades em que se encarna.

O drama ou a catástrofe original consiste em perder essa orientação para a pura Luz ou para a pura Presença do "Ser que é o que é e faz com que seja tudo o que é" (YHWH).

É isso que, na linguagem cristã, chama-se de perda do Espírito santo (o pecado original): o desvio e a perversão de nossos desejos e de nossas funções para outros fins, que não a Fonte, que não podem nos satisfazer.

É a perda de nosso eros *pneumatiké* (desejo espiritual) e a queda do eros *psychiké* (desejo psíquico).

O Cristo vem na carne e na alma de nossos desejos físicos e psíquicos para nos despertar ao nosso *eros pneumatiké* ("Ele vos conduzirá à verdade", "a verdade vos libertará"), de modo que sejamos novamente *pros ton theon* à imagem do Filho voltado para o Pai, consciência humana limitada, mas "voltada para", "aberta" à Consciência pura e infinita do Ser que é o que é e faz ser tudo o que é.

Espinosa dizia que não é por as coisas serem boas que as desejamos, mas sim que por as desejarmos é que as coisas são boas, e acrescentava:

É bom aquilo que aumenta em nós a potência e o desejo de viver, a alegria, a bem-aventurança, e é mau aquilo que diminui em nós a potência e o desejo de viver (as paixões tristes).

Sabemos que somos eternos. Em nós, existe o não tempo, e é a partir daquilo que há de eterno (não temporal) e de bem-aventurado em nós que devemos agir.

A bem-aventurança não é o resultado ou a consequência da virtude para a pessoa nobre, e sim é a virtude que é a consequência de sua bem-aventurança.

É preciso começar por ser feliz, em paz, para que a ação seja justa e elegante.

Kierkegaard fala de uma interioridade infinita.

Não seria necessário olhar para o interior da forma como se olha para o exterior; no interior, no íntimo, não há "coisas" para ver, apenas o pressentimento do Real, do Real invisível de onde nascem todas as coisas visíveis.

A fonte, onde jogamos lixo e imundícies, não secou; se a limparmos e a desencobrirmos de todo o lixo e de toda a imundície, poderemos vê-la sempre borbulhante.

"Eu não me arrependo de nada, mesmo que tivesse cometido dez mil pecados mortais", disse Mestre Eckhart.

Há aí uma profunda psicologia: de nada serve lamentar-se, arrepender-se, fazer penitência. O mal está feito e é irreversível.

É preciso crer na misericórdia de Deus, na graça que nos tornará criadores, não apenas para "reparar", quem sabe, alguns desgastes (o essencial não é sempre irreparável?), não somente para "reparar", mas também para encontrar soluções novas, uma vida melhor do que a vida que foi destruída ou ferida.

Quem matou teu cavalo, que não chore sobre teu cavalo, que não fique lamentando, mas que te dê dez cavalos!

É a lógica de Zaqueu no Evangelho, depois que Jesus "desceu" até sua casa:

"O que eu roubei dos pobres, vou devolver-lhes quatro vezes mais"[16].

Mais ainda do que a sabedoria e a beleza, o que pode salvar o mundo são a doçura e a humildade.

"Aprendei de mim, 'Eu sou' a doçura e a humildade, e encontrareis o repouso para vossas almas", dizia Yeshua.

A humildade é a verdade que nos liberta, a doçura é o amor que nos torna atenciosos e benfazejos.

Não precisamos de nada mais que isso para vivermos e sermos felizes: "Procurai, em primeiro lugar, a doçura e a humildade, o Reino de Deus em vós, e tudo vos será dado por acréscimo, a terra, seus frutos e todos os seus habitantes".

Caminhe docemente, humildemente pela terra; ela é sagrada. Pense docemente, humildemente; sua consciência é sagrada. Fale docemente, humildemente; sua palavra é sagrada.

Viva docemente, humildemente; sua vida é sagrada.

Ame docemente, humildemente; seu amor é sagrado.

Sentir-se presente, consciente, na abertura (Dasein), não significa ainda sentir sua existência, vivente, consciente, no amor.

Experimentar Deus é sentir-se amado ou amante?

Para aquele que ama "tudo é graça", tudo é dom, mas pode-se amar sem a graça, sem o dom do Amor mesmo?

---

16. Lc 19,8.

Somente Deus é capaz de amar. "Ele ampliou o espaço de minha tenda" (meu corpo, meu coração ou meu espírito) para fazer-me participar, compartilhar sua própria capacidade infinita; evidentemente, enquanto ser finito, sou "incapaz" do infinito, mas posso mesmo assim ser uma finitude aberta.

O que seria a parusia se não a manifestação do *Agapè* na *ousia*, a revelação de Deus/do Amor em Deus/no Ser, a teofania do Amor em meu ser e em todos os outros?

O que chamamos de glória, em hebraico *kavod*, é o peso da presença, a presença do *Agapè* no ser humano, é o que torna seu corpo glorioso, pesado da leveza infinita do Amor.

Sentir-se existir, consciente, vivo na abertura, é ser uma capacidade aberta ao infinito da Vida, da Consciência e do Amor. Tal estado de abertura é um estado de escuta (não dirigido, não intencional).

O amor é o que está "entre"; entre dois, entre tudo. É por isso que não se pode possuí-lo ou capturá-lo; ele se mantém na surpresa de todo encontro, ele está em nós fora de nós, fora de nós em nós; nem interior nem exterior, ele é o vínculo, o meio, a relação; seu lugar é um meio, o vínculo e o lugar que só se diferenciam por uma letra[17] (o *u* e o *n* nem sempre estão bem distintos em algumas escritas).

O Real é o "entre", o vínculo que mantém as coisas juntas, unidas e diferenciadas.

"O Reino de Deus está no meio de vós", no meio, dentro, fora, ele é nosso "entre" e nosso "centro", o entreaberto, um pouco aberto, quase aberto.

O que se manifestará no último dia é o que estava sempre entre nós, invisível, escondido: a realidade do amor que nos une e nos diferencia. A parusia não será a manifestação de alguma

---

17. Esta reflexão só é compreensível considerando o original francês, em que os termos para "vínculo" e "lugar" são, respectivamente, *lien* e *lieu* [N.T.].

coisa ou de alguém, mas sim a manifestação do que está entre todas as coisas e pessoas.

O que permanece é o que está "entre": quando a casa desfaz-se, o espaço interior e o espaço exterior "reencontram-se", sem paredes e sem entraves.

Quando o mundo desfizer-se, restará o que sempre esteve entre nós.

O que é, aqui, essa *"mão-que-mantém"*[18], que nos segura no existir, que nos convoca a permanecermos existindo, a darmos mais um passo com intensidade e em movimento?

Estar no mundo é "sentir-se no mundo", estar aí, assim, no Aberto

Alguns se admiram que o mundo exista, que o mundo manifeste-se, outros admiram-se com a admiração deles, com essa consciência que vê o mundo manifestar-se. Sem tal consciência, como se manifestaria o mundo?

Sentir-se consciente e sentir-se consciente da manifestação do mundo.

Sentir-se consciente de sua própria existência e da existência do mundo.

Sentir-se "consciente de" é a fonte primeira de todo maravilhamento?

O sentir precederia a consciência e a existência ou o sentir é apenas a expressão da experiência da consciência e da existência?

"Retornar à coisa em si", quer dizer, à existência de cada coisa, é retornar ao sujeito consciente da coisa, à consciência

---

18. *"Main-tenant"* no original: o autor recorre aqui à etimologia da palavra "agora" em francês (*maintenant*), que deriva do latim *manu tenendo* (gerúndio de *manu tenere*, de que vem o verbo "manter"). Pode ser entendido como "enquanto se segura alguma coisa na mão" [N.T.].

de ser e de existir, ao sentir-se ser e existir na coisa; ou seja, na existência do próprio mundo.

É possível maravilhar-se de maneira mais profunda?

Admirar-se com a vida, por vivê-la, por estar vivo, é maravilhar-se pelo Sopro que nos inspira e que nos expira. É maravilhar-se com esse espaço de onde vêm a nós a inspiração e a expiração.

Podemos sentir apenas a inspiração e a expiração; o espaço ao fim da expiração e antes da inspiração, podemos senti-lo, ter consciência dele, pensá-lo e dizê-lo?

Paradoxalmente, podemos com efeito sentir esse inapreensível de onde nos vêm a inspiração e a expiração, de onde nos vêm a vida e a consciência de viver e de sentir.

Esse inapreensível é fundo real de toda realidade, a inspiração e a expiração são suas manifestações, se não anedóticas, superficiais. O que denominamos vida e que nos é dado por meio dessa inspiração e dessa expiração pode manifestar-se a nós de maneira surpreendentemente anedótica, superficial, transitória, de uma existência relativamente real. É isso sentir-se impermanente, evanescente ("névoa de névoa", dizia o Eclesiastes).

Sentir-se viver desse modo não é todo o desdobramento do sentir.

Pode-se ainda se sentir sendo esse fundo inapreensível, não espaçotemporal que alguns chamarão de Eterno, Infinito ou ainda Brahma, YHWH, o Incognoscível, o Inominável, Deus.

Admirar-se com esse abismo não é pensamento, mas sim vertigem.

Sentir-se infinito no coração de nossa finitude, no âmago dessa vida inspirada e expirada, inspirante e expirante, esse sentir abissal é a forma mais elevada de maravilhamento; não é reconhecer-se "Self" mais do que "ego"? Esse reconhecimento é nosso despertar, nossa alegria inalienável através dos gritos e das lágrimas do tempo.

Sentir-se consciente do espaço entre dois pensamentos é entrar na luz, sentir-se consciente do espaço entre a inspiração e a expiração é reconhecer a Vida, sentir-se consciente do espaço entre a atração e a repulsa, é isso o amor?

Estar enfermo é não mais "sentir-se" existir, aí, no aberto, não mais sentir-se a si mesmo em sua ipseidade, sua irredutibilidade em inter-relação com tudo o que existe.

É estar dissociado ou separado de tudo o que existe.

Se as pessoas reconhecessem-se pelo interior, não haveria mais nem fronteiras, nem povos, nem ricos, nem pobres, nem homens, nem mulheres, nem pequenos, nem grandes... mas as pessoas reconhecem-se pelo exterior, e lá existem apenas fronteiras ou povos, ricos ou pobres, homens ou mulheres, pequenos ou grandes...

Poderíamos ao mesmo tempo nos reconhecermos do interior e nos conhecermos do exterior, sem oposição e sem mistura (pois a realidade das formas não é uma ilusão, e a presença do sem forma no interior de nós é uma clara realidade).

É isso o que procuramos? Estar neste mundo sem ser desse mundo?

O Reino de Deus no interior de nós é o mundo visto a partir do interior, na consciência do Infinito que nos habita?

Consciência de si mesmo no mundo e consciência do mundo no Infinito?

A partir da consciência do vai e vem de todas as coisas e de toda a realidade (a começar pela nossa inspiração e nossa expiração), nós deveríamos alcançar a consciência desse Espaço silencioso/infinito/sereno que não é deste mundo.

O Real de onde isso vem e para onde isso vai, de onde vêm todas as coisas (a começar pela nossa inspiração e nossa expiração), é isso, sentir-se consciente do Real e desses diferentes níveis de realidade sem colocá-los em oposição nem confundi-los?; sentir a harmonia, a não dualidade do uno e do múltiplo, do exterior e do interior, do visível e do invisível, do manifesto e do não manifesto, do escondido (*absconditus*) e do revelado (*revelatus--incarnatus*)?; poder retornar à esfera da consciência de si enquanto humanidade: é isso o sentir-se consciente de existir em harmonia, a não dualidade ou a transparência entre o Self e o eu, entre meu ser finito e meu ser infinito não mortal, reconhecer o fundo e a graça (o dom) do oceano na espuma e na impermanência de minhas ondas?

Óh, minha alegria, tudo é graça, a terra e o céu, jamais um sem o outro, jamais o ser humano sem Deus, jamais Deus sem o ser humano, jamais a consciência sem a Consciência, jamais o amor sem o Amor, nada de vida sem a Vida.

O que dizem os "antigos", esses guardiões do porvir? Da mesma forma que se pôde dizer e experimentar que Deus não está em nós, e sim nós é que estamos em Deus, podemos experimentar e dizer que a consciência não está em nós, mas sim nós é que estamos na Consciência.

A consciência não está apenas em nosso cérebro, nós estamos inteiramente na Consciência (todo o nosso corpo é a sede da Consciência), nós estamos na consciência como o peixe está na água e o pássaro no espaço.

A consciência é nosso elemento, nosso clima, nossa habitação natural; nós não existimos "verdadeiramente" fora da consciência; estar na consciência é estar na luz, mas a luz está em toda parte, e não apenas dentro ou fora, nem é apenas pessoal ou impessoal.

Olhar para a luz é olhar para toda parte e não fixar o olhar em parte alguma; estar na luz é estar presente em tudo e não estar fixo em parte alguma.

Deus é luz ou a luz é Deus, Deus é amor ou o amor é Deus, dizem-nos os santos e os sábios. Passar do "sentir-se" na vida (que está em toda parte), no espaço (que está em toda parte), na luz (que está em toda parte), e na consciência (que está em toda parte) para o "sentir-se" no Amor supõe "um passo a mais" (ele está em toda parte?). Será esse passo a mais que encarna o Cristo? O passo da graça?

Sentir-se existir no amor, com efeito, não é experimentar, fazer a experiência de algo mais do que "existir na consciência", na luz, na vida e no espaço que somos sempre e em toda parte?

Sentir-se existir no amor que é sempre e em toda parte, é isso a graça? O Amor/Deus ninguém jamais viu; aquele que ama habita no Amor/em Deus, e o Amor/Deus habita nele.

Igualmente a Consciência, ninguém a viu; aquele que é consciente habita na consciência/na Luz/em Deus, e a consciência/a Luz/Deus habita nele.

Ou ainda a Vida, ninguém jamais a viu; aquele que é vivente habita na Vida, e a Vida habita nele.

O espaço, ninguém jamais o viu; mas tudo o que respira habita nele, e ele habita em tudo.

"Sentir-se" vivente, consciente, amante, não é sentir-se Ser/Deus que é vida, consciência, amor, energia, dom (*sat cit ananda*)?

VII
A gratuidade ou a elegância do amor

A pessoa nobre ou elegante gosta de introduzir leveza e gratuidade no mundo.

Ora, a gratuidade e a leveza não são deste mundo.

Neste mundo, tudo se compra, se paga, se vende, se revende, nada há que não esteja na lógica do interesse. Pior que isso, não há amor sem interesse, ama-se a alguém pelo que nos pode dar de riqueza, prazer, poder ou reconhecimento. Até mesmo nosso amor a Deus é interessado, só oramos para pedir algum bem, para sermos poupados do sofrimento e, com mais um pouco de tempo, poupados da morte.

Pedimos-Lhe a salvação, a felicidade. Rezamos por nós ou por aqueles que nos são próximos. Não nos passa, naturalmente, pela cabeça que poderíamos rezar a Ele por Ele mesmo, louvá-Lo, adorá-Lo, dedicar-Lhe tempo ou mesmo consagrar a Ele nossa vida. Isso, no entanto, seria mais do que justo: "Render ao Ser que nos dá o ser, e que o dá a tudo o que é, o reconhecimento que Lhe é devido".

A humildade

"A humildade está para as virtudes como o barbante está para o rosário; elimine o barbante e todos os grãos se perdem; remova a humildade e todas as virtudes 'desaparecem'."

Essas palavras do cura d'Ars relembram o caráter essencial da humildade.

O termo "humildade" vem de *humus*, a terra, de onde vem igualmente a palavra "humano". Ser humano é ser humilde, e ser humilde é ser verdadeiro, ser o que se é, nem mais nem menos, sem nada adicionar, sem nada retirar; adicionar algo é orgulho ou vaidade; retirar algo, considerar-se como "menos", um nada, é por demais, é algo diferente do "*no-thing*" que nós somos, é novamente orgulho ou falsa humildade.

Ao infinito nada se pode adicionar, e dele nada se pode retirar. Paradoxalmente, humilde é quem aceita em si o infinito, o eu que deixa ser o Self na forma limitada que ele é. Não existe orgulho em ser o que se é, pois apenas o Infinito, o Real, o Self, Deus é que existe.

Não se trata de considerar-se Deus, mas sim de deixar Deus ser Deus em Si mesmo, ou seja, deixar ser o Amor que faz Ser tudo o que vive e que respira.

Igualmente, não é o corpo que cria a vida.
A vida precede e ultrapassa o corpo.
A vida é "dada" ao corpo.
Não é o cérebro que produz a Consciência.
A Consciência precede e ultrapassa o cérebro.
A Consciência é dada ao cérebro.
Trata-se de reconhecer esses "dados":
O Ser, a Vida, a Consciência, o Amor, a Liberdade como dons.

Dom "gratuito" do ser que é pura graça, Real recolhido e no âmago de todos os seus dons, o Self, o Infinito que se pode chamar de Deus ou de outro nome.

"Se conhecesses o dom de Deus", dizia Yeshua à Samaritana.

Se "soubesses que tudo é graça", tua vida seria louvor, gratidão, contemplação incessante renovada por tudo o que é "dado" à tua inteligência (cérebro), à tua sensibilidade (corpo), ao teu desejo (coração).

Se soubesses reconhecer em ti a Vida que se dá, se participasses de tua autodoação, serias um corpo enobrecido, um ser elegante.

Nós nascemos para conhecer a elegância do Self, para conhecer nossa nobreza e para viver nobremente.

A nobreza, a aristocracia, do grego *aristos*, "o melhor", não é uma questão de nascimento, de riqueza, de poder ou de saber. É uma questão de elegância.

Nascemos para viver e para morrer elegantemente; ou seja, para viver e morrer com leveza, e essa leveza é o contrário da mundanidade ou da superficialidade, é "a insustentável leveza do ser".

O tempo que passamos em contemplação ou em adoração não depende apenas da religião, da inteligência, da devoção ou das virtudes, e sim da justiça.

"É justo e bom louvar em todo tempo, em todo lugar e de todas as maneiras." Dito de outra forma, é justo e bom louvar gratuitamente a Vida que nos permitem viver. Quando amamos dessa maneira gratuita pela simples felicidade de amar, não somos mais "deste mundo". Nós entramos no Reino, no Self, no homem nobre que reina em nós, no ser humano desinteressado.

Numerosas serão as vozes que dirão, e estarão certas, que isso é impossível ao homem ordinário, impossível ao eu.

Quando amamos com leveza, com gratuidade, é o Self que ama em nós.

É o Logos que se faz carne, é a graça que vem através do eu iluminar e libertar o mundo de suas vulgaridades e de seus pesos. A magnanimidade (a grandeza de alma) e a compaixão são os sinais distintivos do ser elegante, da elegância própria do Self.

A grandeza e a bondade são sua verdadeira natureza e rebrilham dele gratuitamente. Como o Sol, o Self não é avaro de seus raios, indiferente às nuvens ou aos véus que se lhe oponham.

Pois não gostamos de ser amados dessa maneira. Não gostamos de ser amados de um modo "desapegado"; preferimos todas as formas de apego, das mais pesadas correntes aos fios mais finos e sutis.

Esse amor desinteressado e gratuito do homem nobre deixa-nos livres demais. E sabemos melhor após Kierkegaard que a angústia nasce dessa liberdade, dessa abertura a todas as possibilidades. Preferimos ser possuídos pelo nosso ambiente, quer dizer, ser despossuídos do Self.

O amor gratuito liberta, não há mais senhor nem escravo.

Não há encontro, senão de soberanos que se inclinam uns diante dos outros.

"O outro mundo" não é um mundo diferente ou distante, nem um "mundo em segundo plano", mas sim uma outra forma de viver e de amar.

Se amássemos uns aos outros com elegância e serenidade, seria o "fim do mundo", o fim do comércio, o fim da exploração do homem pelo homem, o fim das guerras, o fim…

É preciso escolher o apocalipse que queremos: ou o mundo perecerá em consequência de sua própria violência, ou desaparecerá graças ao amor.

Tudo acabará mal se continuarmos a viver como vivemos, tudo acabará bem se começarmos a nos amar uns aos outros, a nos respeitar com elegância e lucidez.

O canto do homem nobre

Eu cantarei a graça de ser em vez do nada,
a graça de estar no mundo em vez de em lugar nenhum.
A graça de ser consciente em vez de inconsciente,

A graça de existir de maneira consciente e a gratidão em vez de ser ingrato e sem reconhecimento.

A graça de amar estar no mundo, consciente e com gratidão, em vez de não amar a grande graça de amar o amor que nos torna conscientes e gratos.

VIII

A suprema elegância que são o perdão e o amor incondicionais

$\mathcal{A}$ consciência de ser "Eu sou aquele que é" na pessoa nobre, aprofundando-se, revela-se consciência de ser:

"Eu sou aquele que ama", ele descobre que há nele "mais que ser", "melhor que ser", ele não está fechado, determinado, limitado por seu próprio ser ou por sua própria essência, ou ainda por sua própria "natureza"; sua identidade secreta, sua ipseidade é doação, dom de seu ser.

Evidentemente não é preciso colocar o ser em oposição ao amor, pois o amor é a realização do ser. É pelo amor que "o humano transcende o humano", que ele se cumpre e se transcende.

Na prática, isso se manifesta por meio da capacidade do Self elegante de perdoar e amar seus inimigos; ou seja, de ser e agir "divinamente".

O "Eu sou que ama" em nós, ama sem condição, brilha sobre os bons como sobre os maus, sobre os justos como sobre os injustos, sobre o verdugo como sobre a vítima... Por essas palavras tiradas do Evangelho, aproximamo-nos do impensável, do inaceitável; YHWH ama tanto o judeu quanto o nazista, ele escolheu a uns e a outros e chamou-os juntos à existência.

Chamou-os todos a ser o que Ele é, a tornarem-se deuses, ou seja, seres capazes de consciência e amor.

Uns e outros serão julgados pelo Amor.

Os campos são imagens terríveis do Inferno, pois o ser humano neles é colocado em situação de não mais poder amar. O ódio, o desprezo dos dois lados, e tanto o judeu como o nazista pensam poder justificarem-se.

De um lado como do outro, o amor é impedido, crucificado.

O ódio devora-os a todos, e sobram apenas cinzas.

Mas não devemos esquecer as brasas que sobreviveram, os homens e as mulheres nobres, capazes, não de esquecer, mas sim de perdoar. Existem seres "divinos", e eles são os únicos que merecem o nome de humanos.

O Amor, e particularmente o amor aos inimigos, "humaniza-nos" tanto quanto diviniza-nos.

Não é o "eu" que perdoa, ele é incapaz disso, e é preciso reconhecer seus limites; é o Self que perdoa, ele é capaz de fazê-lo, e é preciso reconhecer sua imensidão.

A elegância do Self chega a isso, e o nome dessa elegância é liberdade.

Liberdade em relação ao inaceitável em si e no outro. O homem nobre não acusa e não escusa ninguém, "está morto o acusador de nossos irmãos", diz o livro do Apocalipse, tampouco se julga a si mesmo. O Amor é seu juiz; a consciência de não poder e não saber amar é seu único tormento, o pior de todos, aquele que o priva da bem-aventurança de ser o Amor/o Infinito/o Real/o Self, "nosso Senhor e nosso Deus".

Quando ama, uma espécie de elegância natural emana da pessoa; ela não precisa tentar "ser boa" ou "agir bem", isso decorre como que por acréscimo de seu estado de plenitude; assim como quando estamos felizes ou bem-aventurados a questão da elegância não se coloca, e sim é natural.

A elegância do Self é a elegância do Vivente em cada um de nós, esse Vivente poderíamos também chamar de "Bendito". Recentrarmo-nos no eixo desse bendito é o que vai devolver à nossa vida seu prumo e sua andadura.

O Real/o Self/Deus é o que há de mais leve em nós. O paraíso perdido é a leveza perdida. Nós nos tornamos pesados, mais "materiais" do que "espirituais".

Precisaremos morrer da forma como tivermos vivido; nossa morte também pode ser leve, podemos morrer elegantemente, sem lançar sobre os outros todo o peso de nosso corpo enfermo ou fatigado, nosso peso morto, já morto antes de nossa morte ou já vivendo de nossa eternidade (não tempo) antes de nossa morte, já leves dessa leveza do Espaço ou do Espírito que não retém mais os limites do corpo onde ele se encarnou...

IX
A resistência ética da elegância

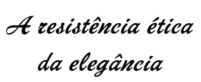

É evidente que os robôs são superiores aos humanos em diversos domínios: memória, rapidez, cálculo etc. Eles são capazes de vencer torneios de xadrez e, no âmbito da guerra, realizam proezas. Alguns falam até de heroísmo de que soldado algum seria capaz!

Em breve, revestidos de silicones delicados, eles podem vir a ganhar concursos de beleza.

Se os robôs se dão melhor em concursos de beleza, de inteligência e de atletismo, eles seriam capazes de vencer também concursos de elegância? A postura deles, o encanto deles, a serenidade deles rivalizariam com os dos humanos?

Essas questões inquietam diversos de nossos contemporâneos, talvez seja o caso de lembrar algumas evidências.

A Vida, ninguém jamais a viu. Ela anima os corpos, mas ela não é um corpo.

A consciência, ninguém jamais a viu. Ela informa o cérebro, mas ela não é o cérebro.

Como Hariri ou Claude Bernard podem surpreender-se por não encontrarem a alma, a vida, a consciência na ponta de seu bisturi ou no fim de sua dissecção?

Aquilo que dissecamos não é um corpo, é um cadáver. De onde a surpresa, então, com o fato de a vida e a consciência estarem ausentes ali?

Não pertencem à mesma ordem. A informação que anima o cérebro não é uma matéria, e a consciência não pode, portanto, ser apreendida como uma realidade material, como uma coisa que pudesse ser pesada ou medida.

Pode-se medir seus efeitos em um corpo ou uma matéria, mas não a causa em si (o sujeito) desses efeitos.

O que falta às nossas belas máquinas é a Vida e a Consciência, mesmo que elas imitem perfeitamente, no corpo que lhes construímos, os efeitos da Consciência e da Vida. A finalidade delas é da ordem da performance, são orientadas para um "algo mais" que é o da quantidade e não o da qualidade.

O espírito de uma pessoa nobre e elegante privilegia a qualidade e o valor. Seu amor à vida, ao conhecimento e à liberdade é também um amor à beleza e, talvez mais que isso, à graça que nos torna capazes de dizer ecoando o Ser/o Infinito/Deus que "é o que ele é":

"Eu sou quem sou."

"Eu sou porque eu sou."

"Eu amo porque eu amo."

Isso nenhuma boneca de silicone nem nenhum ciborgue atleta poderá dizer das profundezas de suas entranhas, mesmo que esteja inscrita em seu programa a repetição de palavras que jamais serão suas.

Se nos tornamos aquilo que amamos, se nos tornamos aquilo que contemplamos, é importante saber o que amamos e o que contemplamos, o que queremos nos tornar.

"Onde estiver teu tesouro, aí estará teu coração"[19].

Quais são as palavras que exprimem nossos mais elevados e últimos valores? As grandes "qualidades" do Ser?

Tomar tempo, cada dia, para concentrar-se e contemplar os valores, a qualidade daquilo que tem maior importância e valor

---

19. Mt 6,21.

para nós, orientará nosso devir, mantendo-nos ao mesmo tempo no eixo e no centro, em direção ao que consideramos essencial.

Evocamos os quatro grandes desejos que constituem, estruturam e animam o ser humano e os quatro grandes valores ou qualidades que lhes correspondem. O quadro desses grandes valores/qualidades pode ser nosso mandala e a bússola que orienta nossa vida.

A RESISTÊNCIA ÉTICA DA ELEGÂNCIA

Contemplar o que acontece, o que vem até nós, quando ousamos dizer: "Eu sou a Vida", "Eu sou a Luz", "Eu sou a Liberdade", "Eu sou o Amor" ou, mais modestamente, que estou vivo, que estou consciente, que sou livre, que sou capaz de amar, particularmente em situações que parecem contrárias ou que contrariam essas qualidades.

Cada uma dessas afirmações leva-nos a um caminho, uma via rumo a mais Vida, ou seja, mais saúde, vitalidade, potência de existir.

Rumo a mais Consciência, lucidez, verdade, luz,

Rumo a mais paciência, respeito, presença em tudo o que é, rumo a uma capacidade maior de amor e de alegria.

A afirmação "central", "eu sou", pode bastar; a simples consciência de Ser no mundo, no Aberto, infinitamente presente em tudo o que existe, pode eficazmente transformar a qualidade de nossa ação e de nossa vida.

Ainda precisamos ter uma vida orientada para a qualidade (o valor) mais do que para a quantidade.

Ser orientado para a maturidade, o bem-estar, o despertar do indivíduo que deseja, mais do que para a quantidade ou para a acumulação de objetos de desejo.

Embora não seja sempre o caso, o enriquecimento e o aumento do indivíduo (o eu) acontecem muitas vezes à custa da liberdade e da serenidade da pessoa (o Self).

O futuro do ser humano orienta-se para a qualidade ou para a quantidade? É a questão que podemos colocar a cada manhã ao nosso desejo de viver, de conhecer e de amar livremente.

Quais são as qualidades e os valores que nos orientam e as palavras certas que podemos evocar para melhor contemplá-los e realizá-los?

Para a pessoa elegante, a fonte do comportamento justo e de todas as virtudes está na consciência de ser o Self e na rememoração de Sua presença (anamnese essencial), é a atitude de Epiteto e dos grandes sábios da Antiguidade quando evocam o "Deus interior":

Tu és tu mesmo, o Infinito, o Real, que podes ser ademais?

"Sem Ele, nada."

"Não podes te lembrar quando comes, quem tu és, tu que comes e que te nutres? Quando estás com alguém, quem tu és, tu que tens essa relação? Na vida social, na academia, em tuas conversas, não sabes que te nutre Deus, que tu carregas contigo Deus na academia? Tu transportas Deus, infeliz, e não sabes?"

"Tu crês que eu falo de um Deus exterior? É em ti mesmo que o levas, e não te dás conta que o contaminas com teus pensamentos impuros e teus atos sujos."

"Mesmo diante de uma imagem de Deus, não ousarias fazer uma das coisas que fazes. E com o próprio Deus presente em ti, que tudo observa e ouve, não tens vergonha do que pensas e do que fazes? Não tens consciência de tua própria natureza..."[20].

Epiteto não está muito longe de Etty Hillesum quando ela diz que é necessário "cuidar de Deus em Si", "salvar Deus", respeitar esse espaço de paz, de liberdade, de amor em nós. Isso é também salvar o ser humano de sua vulgaridade, de sua violência, de sua fadiga e de sua ignorância.

A consciência do Self, a presença de nosso Deus interior é a fonte de nossa ética. Não é por sermos virtuosos que conhecemos a Bem-aventurança, é porque estamos próximos da Bem-aventurança que somos virtuosos. Cada virtude não passa de uma qualidade, uma expressão ou uma expansão do Ser.

"Busca, antes de tudo, o coração do Sol, e conhecerás todos os seus raios", e, se o coração do Sol permanece inacessível, cada um de seus raios testemunha sua Presença; "Cuida de teu raio"...

---

20. EPITETO. *Discursos*, II, 8-10-14.

X

O ser humano nobre habita a Terra com poesia

O "ser humano nobre" habita como poeta sobre a Terra, ou seja, ele vê todas as coisas em sua intensidade, sua transparência e sua inteireza; ele não vive em um mundo de objetos, vive em um mundo de presenças, ele vê tudo que há de invisível no visível e tudo que há de visível no invisível.

O visível é o invisível, o invisível é o visível, e esses não são paradoxos fáceis, mas sim a afirmação do mundo como teofania, revelação ou desvelamento (parusia).

Sem desviar-se das aparências, a pessoa nobre ou o poeta contempla a manifestação.

É isso, a beleza que "salva" o mundo; ou seja, que o amplia, que o faz "respirar ao largo"[21], que o reposiciona no invisível, que o torna testemunha carnal do Infinito.

Se, como afirma Dostoiévski, "é a beleza que salvará o mundo", precisamos nos perguntar imediatamente: "quem salvará a beleza?"

Essa é a questão.

Enquanto houver mulheres e homens capazes de maravilharem-se e de admirarem-se, a beleza sobreviverá.

---

21. Cf. *Yesha*, respirar ao largo, "salvar" em hebraico, na origem do nome Yeshua.

Mas hoje é o que mais faz falta; os homens e as mulheres que somos mais ou menos programados a nos tornar não se admiram mais e não se encantam mais. Talvez isso seja o que diferencia o ser humano do robô. O robô pode ganhar no xadrez e nos jogos de velocidade. Seus diagnósticos são mais precisos. Sobretudo, sua memória, sua enorme memória (Big Data), supera infinitamente a do ser humano. Pode-se dizer que a inteligência artificial (IA) é mais "forte" do que o ser humano, que o silício vence o genoma; mas o silício não se encanta, tampouco sonha.

Ao lado dos robôs cientistas, hoje se procura produzir bonecas de seda capazes de expressar emoções; mas expressar não significa sentir.

As expressões risonhas ou entristecidas no rosto dessas bonecas são testemunho da eficácia de uma tecnologia e do grande poder de simulação da inteligência artificial; mas elas não testemunham uma presença que possui alma, e sim um mecanismo que possui engrenagens.

O desenvolvimento tecnológico obriga-nos a reaproximarmo-nos daquilo que caracteriza a nobreza e o específico do ser humano.

Não é a ciência.

A IA, com seus bancos de dados, sabe mais do que qualquer grupo de cientistas, e as descobertas futuras serão resultado de seus cálculos e "ensaios" de coerência interativa com seu ambiente sempre em mudança.

Não é a filosofia.

Os programas da IA memorizaram toda a história da filosofia, e existem robôs computadores filósofos capazes de resolver e responder qualquer questão de ordem filosófica, sem angústia, sem dúvida, sem incertezas.

Há inclusive programas de meditação que desconectam a mente perturbada dos seres humanos infelizes de todas as formas de estresse e de questionamentos. Ainda não se produz o descanso eterno, mas quase; esse repouso assemelha-se mais à amnésia e à morte do que à verdadeira "bem-aventurança", mas quem se preocupa com a "verdadeira bem-aventurança"? Livrar-se do estresse e do sofrimento não é quanto basta?

Se nem a ciência, nem a filosofia, nem a meditação constituem o que é próprio do ser humano; nem a razão, nem o questionamento, nem a ausência de questionamento, o que o faz então?

O que é que a IA não pode fazer ou pode fazer melhor em nosso lugar por meio da inserção de chips de sabedoria e ciência em nosso cérebro (como possibilitado pelas nanotecnologias)?

A filocalia, que é gratidão, encantamento e celebração, é o exercício próprio de uma humanidade ainda humana. O termo "filocalia", literalmente, quer dizer "amor pela beleza".

A beleza é o que não se pesa nem se mede; ela escapa a todas as apreensões, é da ordem da gratidão, isto é, da graça.

A natureza humana é feita para a graça; o ser humano ereto não é o final de sua evolução; ele ainda precisa erguer seus braços, elevá-los para o céu ou para aquilo que o ilumina, que o orienta, que o puxa adiante e que o transcende sem cessar, a fim de que sua evolução, sua maturação ou seu aperfeiçoamento sejam infinitos e não se contentem com uma "ampliação" ou um "prolongamento" de pequena duração.

A nobreza humana é testemunha da graça de existir; como o universo, o ser humano poderia não existir; não há nenhum acaso, nenhuma necessidade de sua existência, ele está totalmente suspenso com todo o universo na graça que o faz ser; longe de amedrontar-se, ele fica maravilhado, e, pela gratidão, une-se ou harmoniza-se com essa graça.

É disso que os robôs são incapazes; eles sabem "fazer", mas não sabem contemplar, não conhecem a beleza.

A beleza invisível e visível da amendoeira que floresce na primavera, a cabeleira solta da mulher que dança...

Em uma palavra, os robôs têm olhos que veem, mas não têm o olhar que contempla, esse olhar capaz de "fazer beleza", pois, como dizia Espinosa: "não é por as coisas serem belas que as desejamos, mas sim por as desejarmos é que elas são belas".

Deveríamos ainda nos perguntar a respeito desse desejo de querer que as coisas sejam belas; ele vem, sem dúvida, de mais longe do que nós? É esse desejo desconhecido que faz o mundo.

Esse "amor que faz girar a Terra, o coração humano e as demais estrelas" e que nenhum instrumento de captura consegue apreender, pois é dando e partilhando que se recebe.

Ele não é um deus ou uma verdade que se poderia ter, aprender ou possuir.

Se o ser humano nobre contempla a beleza na imanência de um corpo, de uma paisagem, de um gesto, é porque seu olhar está no Aberto e porque, nessa abertura, ele abre o mundo à sua essência de gratuidade, ele "abre" a amendoeira e revela seu fruto, pela filocalia, que não é conhecimento objetivo como na ciência, ou conhecimento subjetivo como na filosofia, mas sim conhecimento "presencial" participativo.

"Quanto mais há de poesia, mais há de realidade", dizia Novalis.

Poderíamos dizer: quanto mais há de atenção e de gratidão, mais há de realidade, mais há de beleza.

Poderíamos acrescentar: "mais há de verdade e de bondade".

A beleza é "o esplendor do verdadeiro" (Platão) e a doação do Bom.

Paul Evdokimov especifica que "a genialidade da língua grega forjou o termo *kalokagathia*, que faz do bom e do bem as duas encostas de um mesmo cume"[22].

A filocalia na tradição ortodoxa é também uma antologia dessa "arte das artes" que é a oração. Ela reúne os textos desses antigos que, por meio de uma ascese paciente do desejo e de seus olhares, conseguiram contemplar a luz incriada no coração de todas as realidades criadas.

O drama humano contemporâneo é que perdemos nossa orientação, nossa orientação para a luz, nosso *"eros pneumatiké"*, perdemos "o olho do coração"...

Mas ainda existem alguns seres elegantes, homens e mulheres, que "habitam como poetas sobre a Terra", não se satisfazem nem com objetos, nem com suas representações (conceitos ou imagens). Eles lembram ou procuram uma luz que treva alguma pode sufocar ou destruir.

Eles se mantêm retos em seu eixo que liga o céu e a terra, seus atos têm uma suavidade e uma leveza que vêm do centro, eles cantam ou se mantêm em silêncio, sabem dizer "Sim" e "Obrigado" a tudo o que existe... Enquanto seres assim existirem, o mundo existirá...

Por mais um tempo, um pouco de tempo...

---

22. EVDOKIMOV, Paul. *L'Art de l'icône*. Théologie de la beauté. Desclée de Brower, 1991, p. 11.

XI

Os filhos de Maquiavel

*N*ós somos os filhos de Maquiavel, isto é, expulsamos a elegância, a ética e a metafísica do horizonte político.

A busca da beleza, do bem comum ou do bem da multidão não é mais a finalidade da política.

Maquiavel, com o olhar frio da razão interessada e egocêntrica, analisa os meios mais eficazes de tomar o poder e de manter-se nele. É uma arte feita de habilidade, ardileza e crueldade, em caso de necessidade. Maquiavel opera uma irremediável separação entre a política e a ética (fundada em uma metafísica). A filosofia política, não consistindo mais na busca do Bem e do bem comum, passa a ser apenas a arte do poder *"virtu, fortuna, necessità"* e nada mais – força, chance ou acaso e necessidade regem o mundo.

Toda má consciência deve desaparecer, tudo se torna possível, o cálculo da eficácia é o único critério da ação.

Se não há mais bem nem mal, tudo é permitido. "A leitura de Maquiavel purifica o espírito de todo sentimentalismo humanista", dizia Hitler a Rauschning.

Para os filhos de Maquiavel, a razão que busca a justiça e o Evangelho que espera amor são considerados idealismos caducados e ultrapassados.

Se a força é o direito, se não há mais justiça nem amor, de que vale viver neste mundo? Quando os filhos de Maquiavel terminarem de se entre-dominarem-se e destruírem-se, o que restará?

Ao homem maquiavélico, poderíamos contrapor o homem evangélico ou o homem nobre, livre e elegante, que, no seguimento de Cristo, desfaz-se da visão egocêntrica para aceder a uma visão alocêntrica ou, mais precisamente, uma visão antropo-cosmo-teocêntrica. Ele não leva em consideração apenas seu próprio bem e a expansão de seu poder; ele considera também o bem do outro, quer esse outro seja a humanidade (*anthropos*), o cosmos ou o divino, e isso é questão de lucidez e de inteligência metafísica. O homem não existe de maneira independente da sociedade, do cosmos, no qual se encontra, e do princípio que faz todos os seres existirem.

Essa metafísica do Ser como Inter-relação e independência mais do que como substância (poderíamos falar de substância inter-relativa ou de unidade diferenciada? Ou ainda de um único Real fundamento em múltiplas realidades interdependentes?).

Essa metafísica gerará uma ética em que o outro, humano, cósmico ou divino, merece o respeito e apela a uma comunhão mais do que a uma consumação, a uma troca ou uma partilha mais do que a uma apropriação e uma dominação.

Isso supõe um despertar do ser humano ao Self, à sua dimensão inter-religada e interdependente, e esse despertar pode acontecer não só por acaso ou por graça, mas também pela meditação e pela contemplação. De fato, o que são a contemplação ou mesmo a oração se não a reconexão consciente ao Real, fundamento das realidades múltiplas e interdependentes?

A contemplação é, portanto, um problema político maior. Os filhos de Maquiavel perderam, ou rejeitaram, essa conexão consciente com o Real que os funda, seu egocentrismo os faz esquecer a condição inter-relativa e interdependente na qual se encontram, e esse esquecimento é mortal para eles e para o mundo.

Uma nova civilização poderia nascer se a lei da contemplação que redunda em ação fosse restabelecida.

Com efeito, o agir que decorre da contemplação não pode ser destrutivo, pois o que ele exprime não é outra coisa além do Ser/Ágape que faz ser tudo o que é, para o Bem-Estar de tudo e de todos.

A inteligência não pode ser submetida ao que quer que seja. Sua lei é trabalhar livremente, em busca do verdadeiro, do bem e do belo. O ordenamento último da inteligência não é o serviço de um partido, mas sim a contemplação da verdade, o reconhecimento do Self.

"Os seres humanos nutrem-se do ser; como seu corpo vive de pães, seu espírito vive do ser, da verdade, da beleza; eles têm uma imensa necessidade de serem revitalizados como transcendentais"[23].

Trata-se de devolver ao ser humano "suas raízes e suas asas", sua nobreza e sua interioridade, a presença do Self (seu eixo e sua frequência), a única coisa que pode nos libertar de nossas vulgaridades e de nossas violências.

---

23. MARITAIN, Jacques. Theonas. *In*: MARITAIN, Jacques. *Oeuvres complètes*. Éditions Universitaires, 1987, t. 1, p. 778.

XII

Rumo a uma democracia "nobre" e consciente

*U*ma política e uma economia sem consciência só podem levar as nações à ruína. Não é de ideologias que temos necessidade, mas sim de consciência, de dignidade e de nobreza, e isso não pode se reduzir a um "-ismo" qualquer: comunismo, socialismo, capitalismo, nacionalismo etc.

Um socialismo que se tornasse "consciente" ou um capitalismo que se tornasse "consciente" não poderiam mais dizerem-se "socialista" ou "capitalista", eles seriam simplesmente uma "democracia consciente".

As grandes divisas republicanas – como a da França: "Liberdade – Igualdade – Fraternidade" –, consideradas a origem dos direitos humanos, não podem levar senão a impasses se não possuírem consciência.

A liberdade sem consciência leva à anarquia e ao caos, ao desdobramento dos egoísmos em seus ímpetos de poder e dominação.

A igualdade sem consciência conduz ao nivelamento e à destruição das personalidades, leva ao igualitarismo; ou seja, à redução ao mais baixo denominador comum. É a igualdade segundo

Procusto, o bandido que colocava em seu leito todas as pessoas que encontrava. As menores ele "esticava", as maiores ele "encurtava", para que todas tivessem o tamanho de seu leito, isto é, sua própria medida.

É assim nos regimes que propagam a defesa da igualdade e "impõem" a todos o tamanho e as medidas que lhes convêm. Nesse caso, ninguém é verdadeiramente ele mesmo e não pode, portanto, servir ao bem comum a partir das competências que lhe são próprias.

A fraternidade sem consciência conduz à "camaradagem" partidária e sectária, sem respeito pelo outro em sua alteridade e sua identidade próprias. Essa fraternidade pode se tornar também um verdadeiro ostracismo quando são "excluídos" aqueles que não seguem as linhas ou as diretivas do partido...

O que seriam uma liberdade, uma igualdade e uma fraternidade "conscientes"?

Uma liberdade "consciente" supõe uma atenção, uma vigilância que se denomina também verdade; a *aletheia*, em grego, quer dizer, literalmente, "despertar", "sair do sono" (*lethé*).

É a vigilância, a atenção que nos torna livres, que faz de nós não os "objetos" das circunstâncias, mas sim os "sujeitos" das circunstâncias. Ao termo "liberdade", poderíamos então preferir o de "consciência", que introduz a vigilância e a verdade no âmago de nossas liberdades.

O que é uma igualdade consciente?

A rã que quer se tornar grande como o macaco deixa de ser uma rã e acaba explodindo. O macaco que deseja ser rã e mergulha no pântano deixa de ser um macaco e acaba por se afogar.

Uma rã "igual" a um macaco é uma rã que assume seu estado de rã; um macaco "igual" a uma rã é um macaco que assume seu estado de macaco. A igualdade não é a redução de uma identidade à outra, e sim a comunhão das identidades no respeito de suas diferenças.

Se cada um olhar para o interior de si mesmo, o espaço e a luz que podem ser descobertos aí são semelhantes à consciência e ao espaço presentes no interior no outro (esse espaço não é grande nem pequeno, nem rico nem pobre, nem masculino nem feminino, seu gênero é o humano). A unidade e a igualdade interiores não deveriam destruir a multiplicidade e a diversidade exteriores.

O lírio não é "mais" flor do que a papoula, e a papoula não é "menos" flor do que o lírio. Juntos e diferenciados, eles colaboram para a beleza do jardim. Assim, a igualdade é a relação de identidades distintas, mas não opostas nem separadas.

Ao termo "igualdade" poderíamos preferir o de "identidade", que introduz a consciência em nossas relações, para além de nossa pertença a uma "classe" ou a um partido.

O que é uma fraternidade consciente?

Ser irmão ou irmã de alguém é reconhecer-se como tendo um mesmo pai, uma mesma origem ou princípio. Uma fraternidade sem pai ou que "matou o pai" corre o risco de tornar-se "fratricida", cada um querendo tomar o lugar do pai ausente. Também uma fraternidade sem referência a uma autoridade transcendente corre o risco de ser uma ilusão e, paradoxalmente, entranhar a violência.

É possível hoje, entre humanos, ter uma referência transcendente comum, como foi o caso do povo hebreu, que, através da prática das leis divinas transmitidas por Moisés, quis encontrar nelas sua unidade e seu modo de vida?

As leis do sangue ou as leis divinas não garantem o amor e o respeito daqueles que se dizem "irmãos".

As guerras mais sangrentas são, muitas vezes, guerras fratricidas e religiosas (como mostram as guerras de religião chiitas/sunitas ou protestantes/católicos).

Ao termo "fraternidade", poderíamos preferir o de "amizade", que, sem referência a uma autoridade transcendente ou imanente, supõe o respeito pelo outro e uma atenção à sua dimensão espiritual ou sagrada? Uma sociedade que defenda a amizade como valor essencial, para além dos laços do sangue, da política ou da religião, pode ser uma sociedade feliz e verdadeiramente humana. A amizade, além disso, não pode ser dissociada da liberdade; cada um "escolhe" o outro em vez de recebê-lo passivamente; a relação não é determinada por uma pertença comum a uma Igreja ou um partido; ela é novamente relação de identidades bem diferenciadas mas não opostas, capazes de leveza, de gratuidade, de gratidão.

Assim, a divisa de uma democracia consciente poderia, em vez de "Liberdade/Igualdade/Fraternidade", ser "Consciência/Identidade/Amizade".

Não se trata de mudar as cores da bandeira, mas sim de dar a essas cores esmaecidas pelo tempo e pela história uma nova intensidade, uma clareza interior que as torne mais brilhantes e mais transparentes à Fonte de toda consciência, toda identidade e toda amizade.

A função de um político responsável é introduzir a consciência no "caos" para que este se transforme em "cosmos", é colocar em relevo a inter-relação de todos os elementos que o constituem.

Introduzir consciência em um conflito é descobrir que uns e outros não estão separados, mas sim que exprimem polaridades opostas, complementares, de uma mesma realidade.

O discurso sobre a verdade de Platão cedeu lugar ao discurso sobre a verossimilhança (Aristóteles)[24], mas ainda não é o discurso da consciência que é discernimento e inter-relação, unidade e diferenciação: "interdependência".

Fala-se de pós-verdade como de pós-humano ou de pós-moral, tudo é pós e em breve "composto", não havendo mais bem nem mal, nem verdadeiro nem falso, nem homem nem mulher, nem ser humano nem Deus...

O que é verdadeiro, sem dúvida, em última instância, em nível absoluto ou místico não o é em nível temporal, relativo que é o nível do mundo e da sociedade nos quais vivemos. As distinções subsistem, mas não são separações. Não existe o verdadeiro sem o falso, existem verdadeiro e falso que não se misturam; não há bem sem mal, há bem (felicidade) e mal (desgraça) que não se confundem.

Mas hoje o *"páthos"* substitui o "logos", a emoção prevalece sobre a razão, o *slogan* ou o dogma dispensa a reflexão, a diferença sem consciência conduz à separação em lugar de conduzir à relação e ao enriquecimento ou ao despertar da inter-relação.

Queiramos ou não, nós somos todos interdependentes e ligados uns aos outros.

Acusar o outro, responsabilizá-lo ou torná-lo a causa de todos os nossos males é destruir o vínculo inter-relacional, é impedir a solução que está no restabelecimento ou no aprofundamento desse laço ou dessa inter-relação.

Não há de um lado os ricos e do outro os pobres, há uma só humanidade cujas inter-relações são perturbadas pelo egoísmo, pela vontade de poder, pela apropriação que impede o Bem (e os bens) de circular: é o esquecimento do Self, dessa nobreza interior que é própria de todo ser humano.

---

24. Cf. D'ALLONNES, Myriam Revault. *La Faiblesse du vrai*. Seuil, 2018.

Lá onde o bem circula não há ricos e pobres, mas há competências diversas e variadas a serviço umas das outras que relativizam seus próprios bens em consideração ao Bem comum; é essa atenção ao bem/vínculo e ao bem/vínculo/comum que todos os partidos extremistas esquecem (sejam de esquerda ou de direita).

A consciência política, antes de qualquer tomada de posição partidária, é o cuidado pelo bem/vínculo/comum, a busca de soluções concretas que não rompem o tecido social e suas inter-relações mais positivas.

O compartilhamento dos bens, assim como a partilha dos vínculos, parece ser a condição mínima para que uma solução ou uma saída seja encontrada; mas, onde os laços quebram-se, os bens e o Bem não podem circular.

Escutar, ouvir, não é ainda o acordo, mas é por onde se pode começar.

Permanecer à escuta do Self restaura-nos, permite-nos reencontrar nosso eixo e a frequência da grande Saúde, que é também a da plena consciência; é descobrir uma sociedade onde a ética e a estética, fundadas na experiência metafísica e espiritual autêntica, permitiriam à humanidade celebrar com elegância a alegria magnânima de existir.

A utopia não é algo que nunca existiu, mas sim o que não existe ainda.

Mil e uma revoluções já fizeram e desfizeram o mundo; a que está por vir nada tem a fazer ou a desfazer, ela apenas haverá de contemplar e amar o que resta quando nada mais resta: a divina surpresa, a pura presença do Self...

Conecte-se conosco:

facebook.com/editoravozes

@editoravozes

@editora_vozes

youtube.com/editoravozes

+55 24 2233-9033

www.vozes.com.br

Conheça nossas lojas:

www.livrariavozes.com.br

Belo Horizonte – Brasília – Campinas – Cuiabá – Curitiba
Fortaleza – Juiz de Fora – Petrópolis – Recife – São Paulo

EDITORA VOZES LTDA.
Rua Frei Luís, 100 – Centro – Cep 25689-900 – Petrópolis, RJ
Tel.: (24) 2233-9000 – E-mail: vendas@vozes.com.br